江戸藩邸へようこそ

三河吉田藩「江戸日記」

久住祐一郎
Kusumi Yı

インターナショナル新書 096

はじめに

東京の地名は、地方に住んでいてもメディアを通して耳目にふれる機会が多いので、一度も東京に住んだことがないという人でも、位置関係はともかく、名前だけはそれなりに知っているのではないだろうか。かく言う私もその一人である。

通称を含む東京の地名には、各地の大名家に由来する名称が今も残っている。例えば青山（港区）は丹波《たんば》篠山《ささやま》藩主および美濃《みの》郡上《ぐじょう》藩主の青山家、信濃《しなの》町（新宿区）は山城《やましろ》淀《よど》藩主などを務めた永井信濃守尚政《なおまさ》、内藤町（新宿区）は信濃高遠《たかとお》藩主内藤家、三宅《みやけ》坂（千代田区）は三河《みかわ》田原《たはら》藩主三宅家、仙台坂（港区・品川区）は陸奥《むつ》仙台藩主伊達《だて》家、南部坂（港区）は陸奥盛岡藩主南部家にちなんでいる。これらの地名は、江戸時代にそこに各大名家の屋敷があったことを示している。

江戸時代の大名は、江戸城周辺から江戸郊外にかけて複数の屋敷（江戸藩邸）を幕府から与えられていた。江戸藩邸は参勤交代で江戸に滞在中の大名のほか、江戸居住が義務付けられていた大名の妻子などの家族が暮らす空間であり、江戸における藩の役所でもあった。そのため、江戸詰めの定府《じょうふ》藩士や国元から単身赴任している勤番《きんばん》藩士が多く勤務していた。

東京都内では再開発にともなう発掘調査がおこなわれており、かつての江戸藩邸の遺構が次々に見つかっている。さまざまな藩邸遺跡の調査報告書が発行され、考古学の知見からの藩邸研究も進んでいる。

一方で、文献資料からアプローチした藩邸研究は未だ不十分なのが現状である。

各大名家の国元であった地方都市においては、藩の歴史の主たる興味関心は、当然のことながら地元での出来事に集中し、江戸藩邸にまで目が向けられることは珍しい。そもそも藩邸に関する史料が残っていない藩の方が多いだろう。しかし、多くの大名が人生の大半を過ごし、藩財政の多くを消費した江戸藩邸を抜きに藩の歴史を語るのは不完全と言わざるを得ない。また、江戸の武家地の約五五パーセントを占めた江戸藩邸を理解することは、東京の歴史を知る上でも重要なファクターである。

本書の目的は、特定の一つの大名家—三河吉田藩（現在の愛知県豊橋市）・松平伊豆守《いずのかみ》家

—の記録を読み解くことで、江戸藩邸で働き、生活していた人々の姿を解き明かそうというものである。

松平伊豆守家とは、「知恵伊豆」の異名を持つ松平伊豆守信綱《のぶつな》を初代とする七万石の中堅譜代大名である。信綱は、慶長《けいちょう》九年（一六〇四）に生後間もない竹千代（後の徳川家光《いえみつ》）の小姓《こしょう》に取り立てられ、順調に出世して幕府老中を務めた。三代将軍家光・四代将軍家綱《いえつな》の二代に仕え、島原天草《しまばらあまくさ》一揆、慶安《けいあん》事件、明暦《めいれき》の大火といった危機を乗り切り、幕藩体制の確立に貢献した人物として知られる。

信綱以降の藩主も幕府を支え、四代信祝《のぶとき》・七代信明《のぶあきら》・八代信順《のぶより》は老中、最後の十一代信古《のぶひさ》は幕末期に大坂城代を務めた。そのため藩主が国元にいる期間が短く、江戸藩邸で暮らすことが多かった。

同家は武蔵忍《むさしおし》藩から武蔵川越《かわごえ》藩（ともに埼玉県）、下総古河《しもうさこが》藩（茨城県）、三河吉田藩、遠江《とおとうみ》浜松藩（静岡県）と国替えを繰り返し、寛延《かんえん》二年（一七四九）に再び三河吉田藩に戻り、以後明治四年（一八七二）の廃藩まで同地を治めた。本書では、十八世紀後半以降の三河吉田藩時代を中心に取り上げる。

大部分の藩では国元の藩庁と江戸の藩邸でそれぞれ藩士が職務に当たり、役職ごとに業務日誌を残した。また、国元と江戸で相互に「御用状」をやり取りして情報を共有した。藩政にまつわるさまざまなデータは、より効果的かつ継続的に業務を遂行するため、日々書き継がれるとともにきちんと管理され、藩政文書として蓄積されていった。各藩で膨大な量の記録が作成されたはずだが、それらが現在まで残っている例は限られている。

吉田藩の場合は、江戸藩邸で家老などの職掌事項を書き継いだ「覚書留《おぼえかきとめ》」（通称「江戸日記」）が六六冊残っている。各年一冊ないし二冊からなり、宝暦《ほうれき》二年（一七五二）から文政《ぶんせい》一〇年（一八二七）までであるが、宝暦五年と安永《あんえい》八年（一七七九）および文化二年（一八〇五）から文政元年まで、そして文政八年の後半の簿冊が現存しないため、年数としては五九年半である。限られた年数ではあるが、江戸藩邸の様子や御用状で伝えられた吉田の出来事を知ることができ、三河吉田藩を研究する上で軸となる歴史資料である。

「江戸日記」の筆者については一冊のみ記載があり、そこには家老の秘書的役割を担った勘定人頭取《かんじょうにんとうどり》の名前が記されている。陸奥弘前《ひろさき》藩の場合は「日記方」が担当し、重役から渡された書留などをもとに、翌月に日記を作成していたことが知られている。吉田藩の場合も同様に月単位で日記をまとめていたと思われる。

現在、「江戸日記」は豊橋市の豊城《とよき》神社（祭神は松平伊豆守家の先祖とされる源頼政《みなもとのよりまさ》と松平信綱）が所有し、他の記録類と合わせて「吉田藩日記類」として豊橋市指定有形文化財になっている。もとは松平伊豆守家（大河内《おおこうち》家）に伝わったが、戦後に同家の当主大河内正敏《まさとし》により寄附されたものである。

このほかに江戸藩邸の様子がわかる史料として、定府の吉田藩士大嶋《おおしま》家に伝来した古文書類（大嶋家文書）がある。江戸時代後期に江戸藩邸で目付《めつけ》を務めた大嶋左源太《さげんた》が書き残した「勤要録《きんようろく》」は、多岐にわたった目付の職務に関する先例・規則集である。事細かな記述からは、江戸で働く武士たちの姿が伝わってくる。左源太が同僚から借りて書き写した「備忘記」は藩主生母付き役人の勤務記録で、なかなか知ることができない江戸藩邸の奥《おく》向《むき》について詳しく記録されている。

本書では、「江戸日記」や大嶋家文書、その他関連する古文書や古記録を通して、江戸のなかの三河吉田藩、ひいては江戸における武家社会の実態を紹介したい。

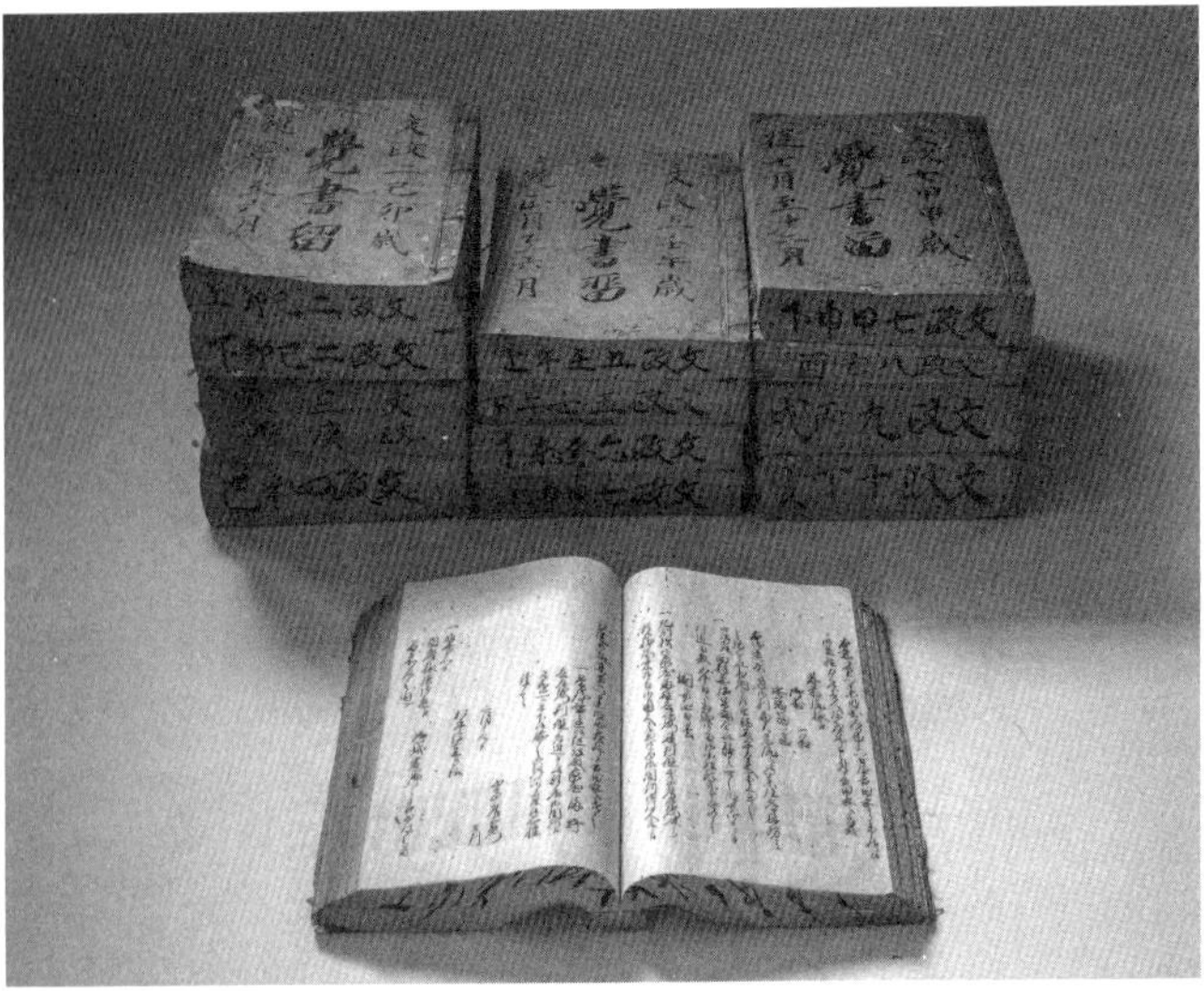

三河吉田藩「江戸日記」の一部

松平伊豆守家略系図

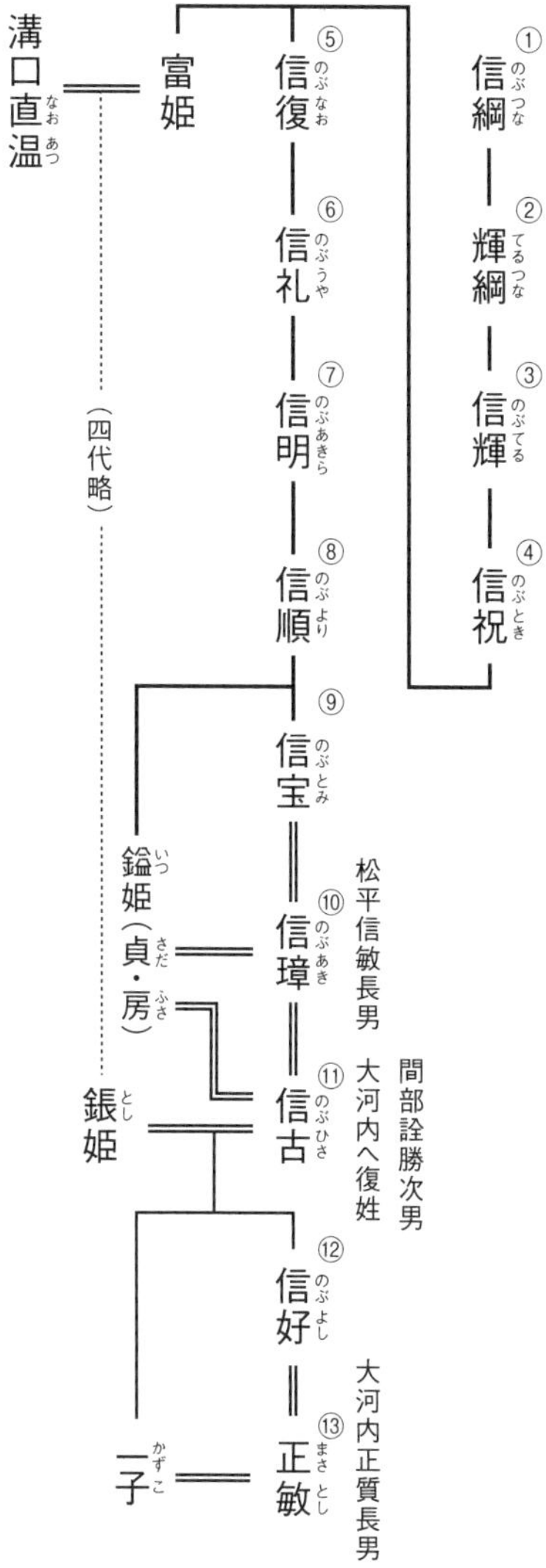
①信綱《のぶつな》
②輝綱《てるつな》
③信輝《のぶてる》
④信祝《のぶとき》
⑤信復《のぶなお》
⑥信礼《のぶうや》
⑦信明《のぶあきら》
⑧信順《のぶより》
⑨信宝《のぶとみ》
⑩信璋《のぶあき》
松平信敏長男
⑪信古《のぶひさ》
間部詮勝次男
大河内へ復姓
⑫信好《のぶよし》
⑬正敏《まさとし》
大河内正質長男
富姫
溝口直温《なおあつ》
（四代略）
鎰《いつ》姫（貞《さだ》・房《ふさ》）
鋹《とし》姫
一子《かずこ》

※本図は、関連史料をもとに、著者が構成したものである。
※職名の横の══は国元のみ、──は江戸のみの役職を示す。

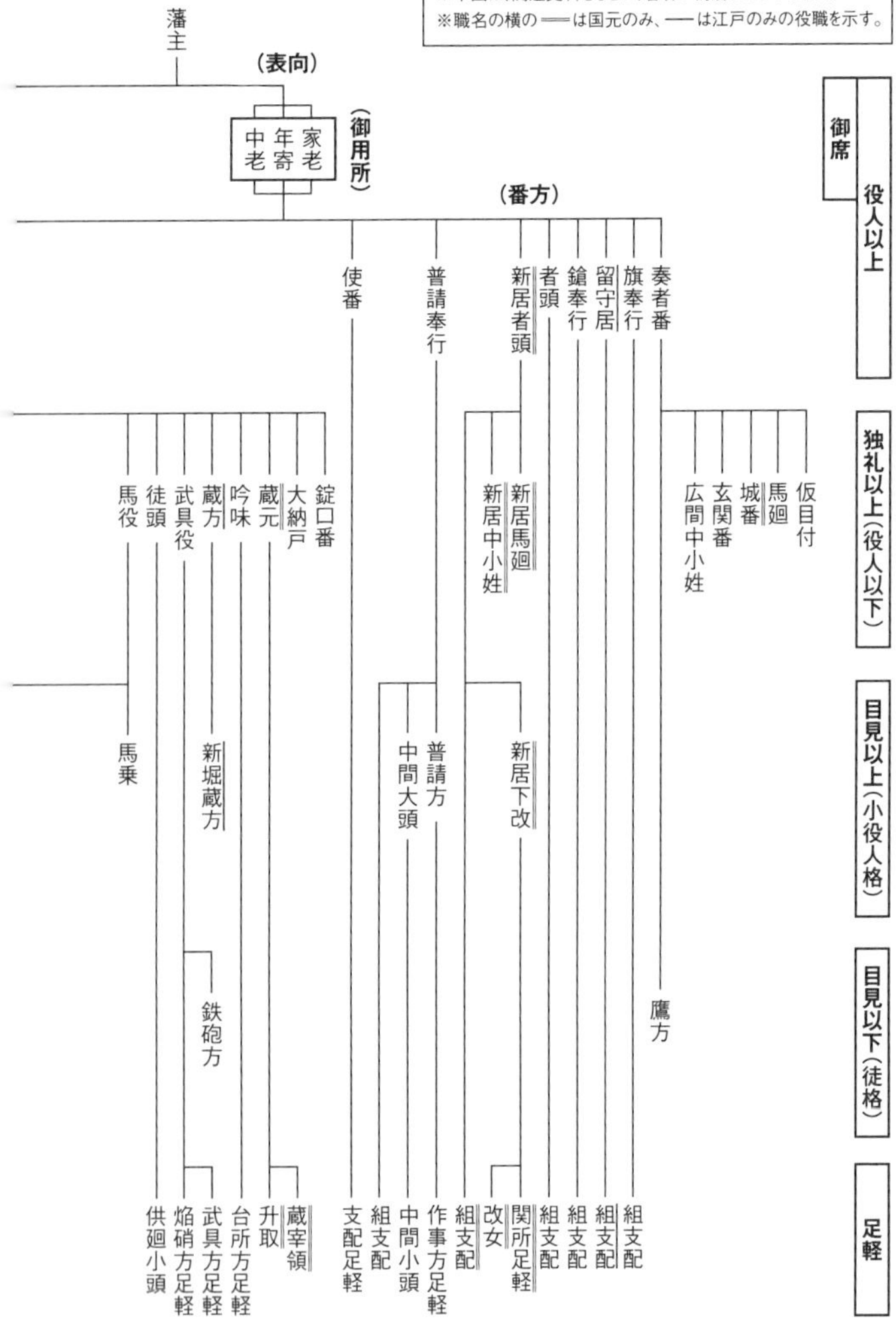

三河吉田藩の職制

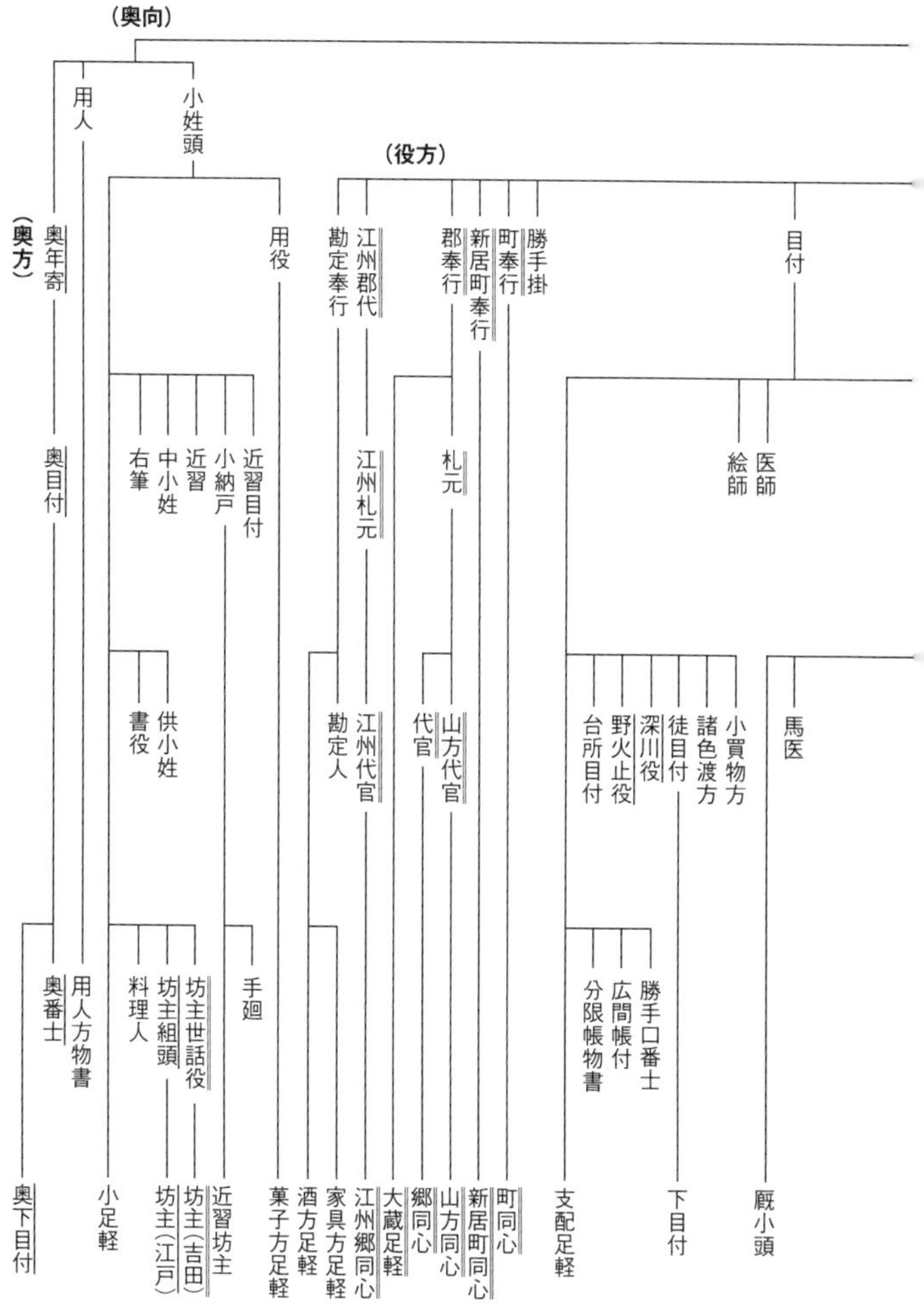

（奥向）
用人
小姓頭
（奥方）
奥年寄
用役
奥目付
右筆
中小姓
近習
小納戸
近習目付
書役
供小姓
奥番士
用人方物書
料理人
坊主組頭
坊主世話役
手廻
奥下目付
小足軽
坊主（江戸）
坊主（吉田）
近習坊主
菓子方足軽
（役方）
勘定奉行
江州郡代
郡奉行
新居町奉行
町奉行
勝手掛
目付
江州札元
札元
絵師
医師
勘定人
江州代官
代官
山方代官
台所目付
野火止役
深川役
徒目付
諸色渡方
小買物方
馬医
分限帳物書
広間帳付
勝手口番士
酒方足軽
家具方足軽
江州郷同心
大蔵足軽
郷同心
山方同心
新居町同心
町同心
支配足軽
下目付
厩小頭

目次

第一章　江戸の大名屋敷

巨大城下町・江戸

江戸という都市は、徳川家康が天正《てんしょう》十八年（一五九〇）に入って以降、江戸城を中心に発展・拡大を続け、「八百八町」と言われる多くの町が生まれ、人口一〇〇万人を超える巨大都市になった。

江戸の範囲はどこまでかといえば、現在の東京二三区よりもずっと狭く、東は亀戸《かめいど》、西は新宿・代々木、南は品川、北は千住《せんじゅ》・板橋あたりまでとされていた。しかし、この範囲には田園風景が広がる農村部も含まれており、市街地に限れば面積は約七〇平方キロメートルであった。

江戸の市街地の土地利用区分を見ると、約七割を武家地が占め、残る三割を町人地と寺社地が半分ずつ分け合っていた。そして、武家地の約五五パーセントは大名屋敷であった。江戸の市街地全体で見ても、大名屋敷の割合は四割弱を占めていたのである。

戦国時代に登場した城下町は、戦国大名が居城の周囲に家臣を居住させ、行政都市・商業都市としての機能も持たせた都市である。江戸城の周囲に全国各地の大名屋敷を配置した江戸の街は、日本史上最も大きな城下町であった。

家康が江戸に入った当初は、江戸城周辺に徳川譜代家臣の屋敷地が割り振られたほか、希望する大名に対し、その都度屋敷地を与えていた。寛永《かんえい》十二年（一六三五）に参勤交代が制度化されると、大名は隔年での江戸居住を強制され、妻子も江戸の屋敷で暮らすことが義務付けられた。こうなるとすべての大名が江戸に屋敷を与えられることになり、次々に大名屋敷が建てられていった。

大名に与えられた江戸屋敷のことを、後世の用語で「江戸藩邸」とも呼ぶ。ちなみに、大名は国替え（転封《てんぽう》）で領地が変わることがあったが、それにともなって江戸藩邸も変わるというわけではない。江戸藩邸の持ち主が変わる事例は頻繁にあったが、国替えとは無関係におこなわれた。屋敷は大名家に与えられたものであって、領地に付随するものではない。例えば、武蔵川越《むさしかわごえ》藩主松平信輝《のぶてる》が、下総古河《しもうさこが》藩に国替えされても、松平家の江戸藩邸はそのまま変わらないのである。当時の絵図を見ても、各大名屋敷には「三河《みかわ》吉田」などの地名ではなく、「松平伊豆守《いずのかみ》」のように屋敷の主人の名前が記されている。

江戸藩邸で暮らしていたのは、大名とその家族だけではない。一つの大名家につき、数百から数千人の家臣が大名屋敷で働いていた。江戸で勤務する家臣は大きく分けて二種類あり、国元から単身赴任でやってくる勤番《きんばん》と、家族と共に常時江戸で暮らす定府《じょうふ》があった。江戸の武家人口は約六〇万人と推定されるが、その多くは大名と家臣およびその家族である。参勤交代の制度化により多数の大名屋敷が建てられたことで、江戸の武家人口は飛躍的に増加した。彼らは消費者であったため、江戸は日本最大の消費地となり、その需要に対応するため、全国的な流通網が整備されていった。

参勤交代制度が生まれたことで、各藩の財政支出のうち、半分以上が江戸での経費にあてられたと言われている。しかし具体的な数字が残されている藩は少なく、本書で取り上げる三河吉田藩の場合も江戸藩邸でどれだけの経費がかかったのかはわからない。

同じ三河国にあった刈谷《かりや》藩主三浦家（二万三〇〇〇石）の数字が残されているので紹介しよう。宝暦《ほうれき》四年（一七五四）の三浦家の年間支出額は、江戸で米一三二四石《こく》余・金五三五一両余、国元で米八五三石余・金二六一五両余であった。単純に米一石＝金一両で計算すれば、約六六パーセントが江戸で費やされていたことになる。吉田藩主松平伊豆守家の石高は七万石であるから、財政規模は三浦家よりも大きいが、江戸での支出割合は同じように六割を超えていたと思われる。

江戸藩邸の種類

各大名は、用途に応じて複数の江戸藩邸を所有していた。

「上屋敷」は江戸城に近い場所にあった。江戸滞在中の大名が住む場所であることから、「居《い》屋敷」とも呼ぶ。大名の正室もここで暮らした。江戸における藩の行政機構も置かれ、幕府や他の大名との窓口の役割も果たした。

「中屋敷」は上屋敷のスペアであり、隠居した大名や大名の世継ぎが暮らした。

「下屋敷」は江戸城から離れた場所にあり、敷地面積も広かった。上屋敷が火事になった場合の避難場所であり、広大な庭園を持つ別荘地や接待場所としての役目もあった。江戸藩邸に造られた大名庭園は、小石川後楽園（水戸徳川家上屋敷）や六義園《りくぎえん》（大和郡山《やまとこおりやま》藩主柳《やなぎ》沢《さわ》家下屋敷）のように、現在でも庭園や都市公園として利用されている例がある。

「蔵屋敷」は米をはじめとするさまざまな物資を収める倉庫としての役割があり、直接船を着けられる沿岸部や水路沿いにあることが多い。

これらの屋敷は幕府から与えられた「拝領屋敷」であり、石高を基準におおよその広さが決められていた。建物の新築・改築や焼失した際の再建などは大名の自己負担であった。しかし、拝領屋敷と呼ばれるものの実態としては貸与であり、多額の金を費やして立派な御殿を建てても、幕府から屋敷替えを命じられれば明け渡さなくてはならなかった。

屋敷替えは、幕府からの命令以外に、屋敷の所有者同士で交換する相対替《あいたいが》えという方法

『江戸図屏風』に描かれた松平伊豆守家の上屋敷（国立歴史民俗博物館蔵）

もとられた。交換といっても敷地面積や建物の価値は異なるため、差額分は金銭で賄《まかな》われた。相対替えは事実上の売買であり、幕府が禁止していた行為であったが、江戸時代中期以降に拝領用の屋敷地が不足したこともあって容認されるようになった。

拝領屋敷に対して「抱《かかえ》屋敷」というものもあり、こちらは大名が百姓や町人から田畑などの土地を購入して所持した屋敷である。その場合は土地に税金が課されるため、その土地の領主へ年貢を納めなければならなかった。

松平伊豆守家の上屋敷

ここで、本書の舞台となる松平伊豆守家の江戸藩邸について紹介しよう。

寛永四年（一六二七）、松平信綱《のぶつな》は一万石の大名となり、一橋《ひとつばし》門内に上屋敷を拝領した。

後に御三卿一橋徳川家の屋敷が置かれた所でもある。この屋敷は、『江戸図屏風』（国立歴史民俗博物館蔵）に明暦《めいれき》三年（一六五七）の大火で焼失する前の姿が描かれている。江戸を離れていた信綱が、留守を任せた嫡男輝綱《てるつな》に出した書状では、「屋敷のすぐ近くにある平川門に注意を払い、たとえ上屋敷が焼けたとしても、戦陣と心得て平川門の番をさせるように」と申し付けている。この書状が書かれた年は不明だが、信綱が普段から江戸城を守る心構えを持っていたことがわかる。

一橋門内の上屋敷は、信綱没後も松平伊豆守家の屋敷として受け継がれたが、延宝《えんぽう》八年（一六八〇）八月に江戸城から少し離れた筋違橋《すじかいばし》門内へ屋敷替えを命じられた。この時期は、四代将軍家綱《いえつな》の死去にともない徳川綱吉《つなよし》が将軍宣下《せんげ》を受ける直前であり、一橋門内の屋敷は、綱吉の将軍就任を後押しした老中堀田正俊《ほったまさとし》に与えられた。当時の伊豆守家当主信輝は幕府の役職に就いておらず、知恵伊豆と呼ばれて活躍した信綱の威光もここまでであった。

享保《きょうほう》十五年（一七三〇）七月、伊豆守家の四代当主信祝《のぶとき》が老中に就任すると、西丸下《にしのまるした》に屋敷替えとなった。西丸下は現在の皇居外苑にあたる。西丸下や辰ノ口《たつのくち》（大手門外・現在の丸の内）はすぐに江戸城へ登城できる立地であり、江戸時代には老中や若年寄の役宅が建ち並んでいた。そのため、老中に就任した大名は西丸下などに屋敷替えされ、老中でなく

松平伊豆守家上屋敷の変遷　（1坪＝約3.3m²）

No.	場所	坪数	拝領日
①	一橋門内	不明	寛永4年（1627）月日不明
②	筋違橋門内	7,730余	延宝8年（1680）8月9日
③	西丸下	8,384余	享保15年（1730）7月19日
④	鍛冶橋門内	3,692	延享3年（1746）5月15日
⑤	小川町	7,834	天明7年（1787）3月8日
⑥	西丸下	8,363余	天明8年（1788）4月6日
⑦	常盤橋門内	4,709余	文化元年（1804）1月25日
⑧	辰ノ口	9,241	文化3年（1806）5月26日
⑨	数寄屋橋門内	4,444	文政元年（1818）8月16日
⑩	柳原八名川町	5,966	文政10年（1827）閏6月20日
⑪	西丸下	8,363余	天保8年（1837）5月19日
⑫	呉服橋門内	4,000	天保9年（1838）4月13日

なると少し離れた場所へ屋敷替えされるといったことが繰り返された。徳川一門や外様の大藩、譜代筆頭井伊《いい》家などの上屋敷が替えられる例はそれほどなかったが、松平伊豆守家のように幕府の要職を出す譜代大名は頻繁に屋敷替えを繰り返したのである。

信祝没後の延享《えんきょう》三年（一七四六）五月、伊豆守家の上屋敷は鍛冶橋《かじばし》門内へ移転した。その後も老中就任・退任を契機に移転が繰り返され、天保《てんぽう》九年（一八三八）四月の呉服橋《ごふくばし》門内への移転が最後になった。

松平伊豆守家の下屋敷・抱屋敷

寛永一〇年（一六三三）二月、松平信綱は谷中《やなか》に下屋敷を拝領した。三代将軍家光《いえみつ》が開基した上野の東叡《とうえい》山寛永寺のすぐ側である。敷地面積は一万八三二二坪あり、前藩主の未亡人や藩主の生母・子弟らが暮らす御殿があった。そのほかにも庭園、武芸の稽古場、藩士が住む長屋などがあった。谷中下屋敷は江戸藩邸のなかで松平伊豆守家が最も長く所有した屋敷である。

北新堀《きたしんぼり》下屋敷も信綱が拝領した屋敷である。隅田川に面しており、近くには永代橋《えいたいばし》が架かっていた。敷地面積は三三一八坪余であった。この屋敷の性格は土蔵を持つ「蔵屋敷」

である。国元から船で運ばれてきた米を搬入するために川船も保管していた。また、藩士が住む長屋もあった。現在は中央区立箱崎公園やＩＢＭ箱崎ビルなどになっている。

北新堀下屋敷は、幕末期に山形藩主水野忠精《ただきよ》に与えられることになったが、慶応《けいおう》二年（一八六六）三月に水野家側から幕府に対し「北新堀屋敷は松平信綱が拝領したという古い由緒があるので、どこでもいいから他の屋敷に替えてほしい」という願書が提出された。水野家が松平家に気を遣った理由はわからないが、長年所有者が変わらない場合は、自他共にその家の屋敷であるという認識が強かったと思われる。なお、北新堀下屋敷は明治二年（一八六九）三月に新政府から引き渡しを命じられ、前橋藩主松平直克《なおかつ》に与えられた。

拝領時期は不明ながら、柳原《やなぎわら》（元誓願寺前《もとせいがんじまえ》）には中屋敷があり、松平信綱の嫡男輝綱の住居として使われていた。享保五年（一七二〇）三月に類焼したため、四月に幕府へ御用地として返上した。代わりに深川蛤町《ふかがわはまぐりちょう》（海辺新田《うみべしんでん》）抱屋敷のうち、返上分と同じ面積の四六一一坪を与えられた。この屋敷は深川下屋敷と呼ばれ、以後伊豆守家では「中屋敷」という呼称は使用されなくなり、嫡男の住居などの中屋敷機能は谷中下屋敷が担うことになった。

深川下屋敷は、天保五年（一八三四）四月に本所小名木沢《ほんじょおなぎさわ》の抱屋敷のうち三七八一坪へ振り替えられた。小名木沢下屋敷は、天保十三年に隠居した松平信順《のぶより》の住居として使用さ

幕末期の吉田藩江戸藩邸　慶応2年（1866）時点

種類	場所	坪数
上屋敷	呉服橋内	4,000
拝領下屋敷	谷中	18,322
拝領下屋敷	永代橋前北新堀	3,318
拝領下屋敷	本所小名木沢	3,781
抱屋敷	西葛西領久左衛門新田	5,775
抱地	西葛西領久左衛門新田	738
抱屋敷	西葛西領久左衛門新田飛地	835

れた。

　抱屋敷は深川蛤町と本所小名木沢にあった。深川蛤町にはもともと一万五三〇坪を所有していたが、先述のとおり享保五年に四六一一坪が下屋敷となり、残り五九一九坪は宝暦九年（一七五九）十二月に田沼意次《たぬまおきつぐ》へ売却した。このほか、深川蛤町には幕府から管理を任された預地《あずかりち》もあった。

　小名木沢（西葛西《にしかさい》 久左衛門新田《きゅうざえもんしんでん》）抱屋敷の正確な変遷は不明だが、天保五年に九五五六坪のうち三七八一坪が下屋敷に振り替えられ、残り五七七五坪となった。このほか、慶応二年（一八六六）の時点で小名木沢に抱地七三八坪、西葛西久左衛門新田飛地に抱屋敷八三五坪も所有していた。

　このように複雑な土地所有状況は、松平伊豆守家に限ったことではない。どの大名家でも複数の拝領屋敷や抱屋敷を所有しており、屋敷替え・相対替えによる所有者の変動も頻繁にあった。

江戸藩邸の空間構造

江戸藩邸の内部は機密情報であるため、江戸時代の庶民にとってはベールに包まれた謎の空間であった。しかし、現在ではさまざまな藩邸の屋敷図が公開されて見比べることができるようになり、江戸藩邸の空間構造に着目した研究もおこなわれている。

江戸藩邸の空間は「御殿空間」と「詰人《つめにん》空間」と呼ぶエリアに分けることができる。両者の間は塀で仕切られており、容易に行き来することはできなかった。「御殿空間」は、政務や儀礼の場である表御殿（表向《おもてむき》）と、当主や妻子が日常生活を営む奥御殿（奥向《おくむき》）、庭園に分かれていた。「詰人空間」には藩士とその家族、中間《ちゅうげん》・小者《こもの》（使用人）が暮らす長屋群、藩の公的施設があった。長屋は屋敷の周囲を囲む表長屋と、敷地内に並べて建てられた内長屋に分けられる。表長屋は外から見られることを意識し、二階建てで瓦葺《かわらぶ》きの立派な外観であった。

松平伊豆守家の江戸藩邸の内部がわかる図面は、残念ながらほとんど残されていない。文政《ぶんせい》一〇年（一八二七）閏《うるう》六月に拝領した柳原八名川町《やなぎわらやながわちょう》の上屋敷は、もとの所有者である弘前《ひろさき》藩主津軽《つがる》家の史料に江戸時代中期の屋敷図が残されており、内部の詳細がわかる。松平伊豆守家の所有になった時期は図面の作成より一〇〇年以上も下るため、全く同じということは考えにくいものの、建物の配置は大きく変わってはいないだろう。

天明《てんめい》六年（一七八六）頃に書かれた「三屋鋪《やしき》棟数覚」（大嶋家文書）という史料には、鍛冶橋門内上屋敷・谷中下屋敷・北新堀下屋敷の三つの藩邸に建てられた長屋や蔵の情報が

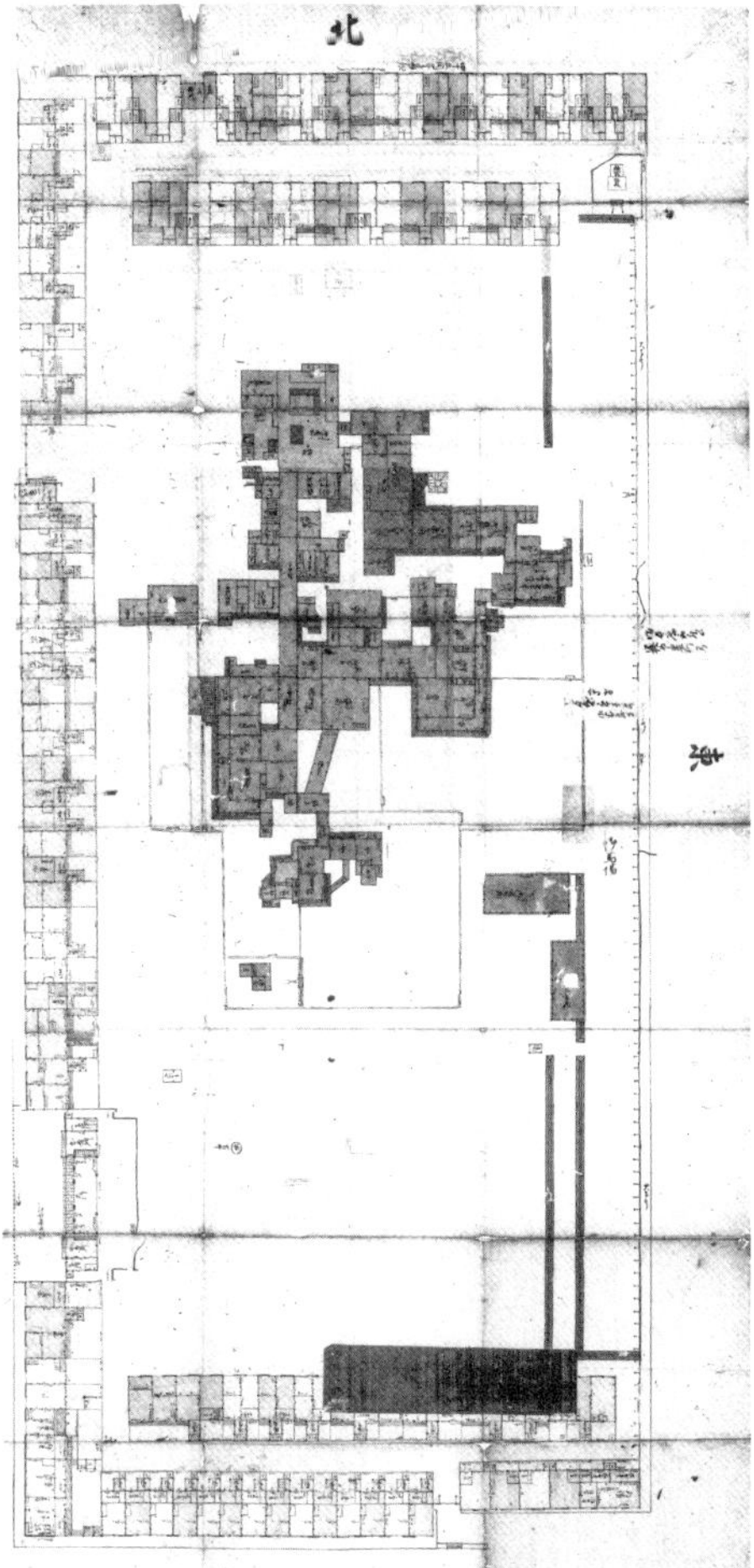

弘前藩中屋敷時代の柳原八名川町屋敷の図面
敷地のまわりを長屋が囲んでいた。（国文学研究資料館所蔵　陸奥国弘前津軽家文書「柳原御屋敷古図」）

書かれており、屋敷内部の様子を知る手がかりになる。

　鍛冶橋門内上屋敷については、敷地面積は三六九二坪で、大名小路《こうじ》に面した西側に六間（約十一メートル）の表門があり、南側は道を挟んで向かい側に土佐《とさ》藩邸があった。北側と東側は他の大名屋敷と接していたため、外観が人目に晒《さら》される西側五八間《けん》半（約一〇六メートル）と南側六一間（約一一一メートル）の二面に表長屋があった。この表長屋の梁行《はりゆき》は二間半（約四・五メートル）で、一間（約一・八メートル）の庇《ひさし》が付いていた。なお、南側には裏門（三間）・物見門（一間半）・無常門（一間）があった。

　上屋敷内部には内長屋が四棟あり、いずれも梁行二間半で、桁行《けたゆき》は十四間半から二三間半（約二六～四二メートル）。屋根は瓦葺きで一間の庇が付き、二階建てであった。土蔵は六棟あり、奥用、小納戸《こなんど》用、大納戸《おおなんど》用などに分かれていた。そのほかに馬見所棟、作事棟、割場（足軽や中間の勤務を割り当てる所）棟、厩《うまや》棟、稲荷《いなり》・秋葉社《あきばしゃ》があった。メインである御殿の規模は不明ながら、建物がひしめき合って並んでいる情景が目に浮かぶ。

　谷中下屋敷には長屋が二四棟も建ち並んでいた。そのほとんどが梁行二間で、桁行は十数間のものが多く、最大で二六間あった。こちらの屋根は茅葺《かやぶ》き、庇は柿葺《こけらぶ》きであった。土蔵は九棟あり、ほかに作事棟や焔硝《えんしょう》蔵・物置があった。

谷中下屋敷図（個人蔵）

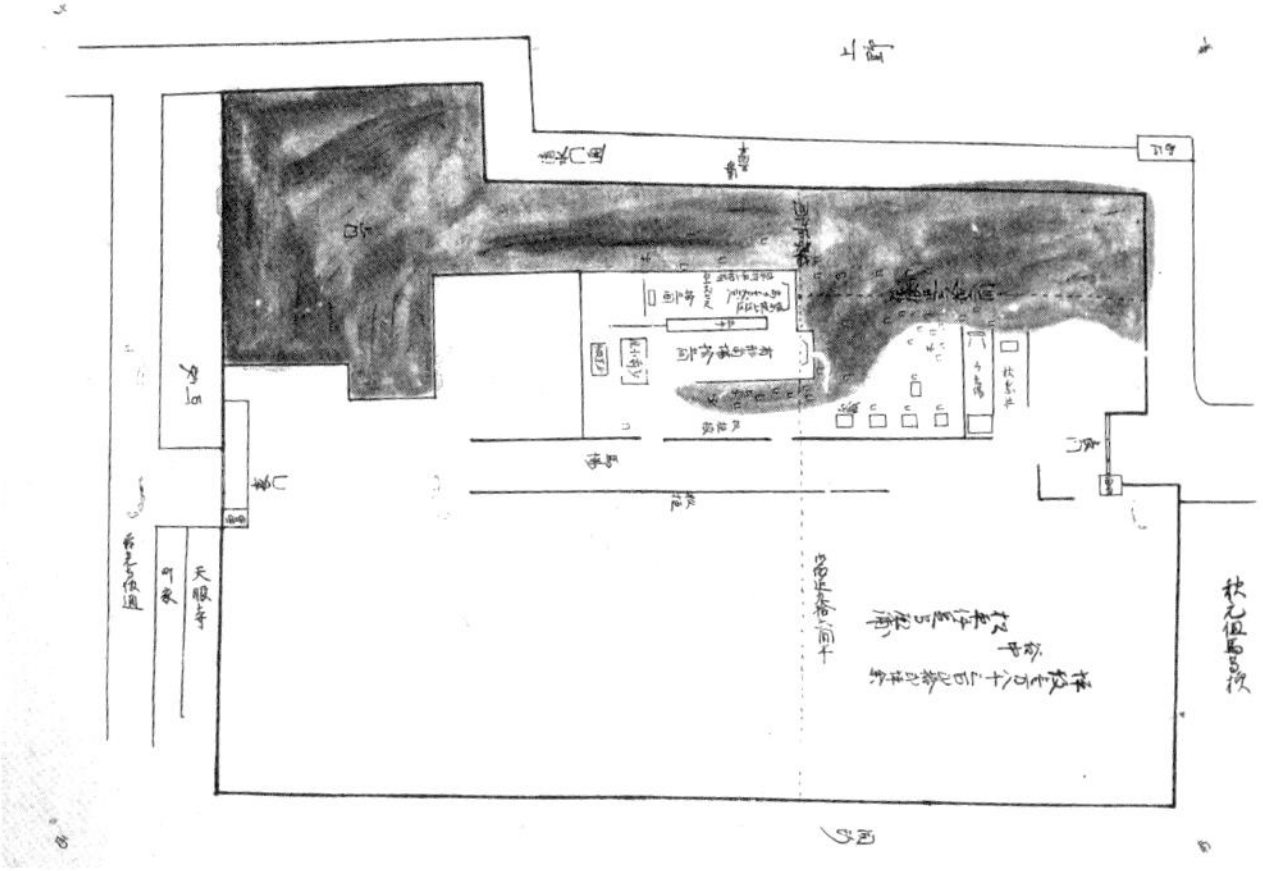

谷中下屋敷の内部については、御殿の間取図や敷地内の概略図がいくつか伝わっている。敷地の南東に表門、北西に裏門があり、中央に設けられた馬場が敷地を大きく二分している。馬場の東側には矢場《やば》、角場《かくば》（鉄砲の稽古場）があり、武術の稽古がおこなわれた。南側に御殿があり、西側には下屋敷らしく池を中心とした広大な庭園が設けられた。北側は緑で覆われ「御山」（山内）と呼ばれていた。

蔵屋敷でもある北新堀下屋敷には、他の屋敷のものより大きな土蔵が四棟あった。裏手には隅田川に通じる水門があり、川船で米などの荷物を運び込んだ。藩士が住む瓦屋根の長屋も八棟あった。

燃える江戸藩邸

「火事と喧嘩《けんか》は江戸の花」と謳《うた》われるように、江戸は火事の多い都市であった。被害が甚大で名称が付くような大火も度々発生している。当然、松平伊豆守家の江戸藩邸も頻繁に火事に見舞われており、明暦三年（一六五七）から弘化《こうか》四年（一八四七）までの一九一年間で四二回の記録が残る。藩邸が全焼したものから屋根の一部が焼けた程度で済んだものまで規模はさまざまだが、およそ四年半に一度の頻度で火事に遭っている。江戸への参勤交代を義務付けられた大名にとって、火事は避けることのできない大きなリスクであった。

明和《めいわ》九年（一七七二）二月二九日の昼過ぎ、後に「目黒行人坂《ぎょうにんざか》の大火」と呼ばれる大火災が発生した。大名屋敷の類焼は一七二軒に及び、鍛治橋門内の吉田藩上屋敷も夜四つ時（午後一〇時頃）に延焼して残らず燃えてしまった。谷中下屋敷も周囲まで火が迫ったものの類焼は免れたため、藩主松平信明《のぶあきら》と家族たちは谷中へ避難した。

幸い人的被害はなく、土蔵や家老の執務室である「御用所」の穴蔵（地下貯蔵庫）のなかも無事であった。上屋敷に居住していた藩士は、谷中と北新堀に割り振られて避難生活を送り、藩から雑具《ぞうぐ》代として身分に応じた現金が配られた。

上屋敷再建チームは中老《ちゅうろう》岩上九助をリーダーとして三月十四日に発足し、任務に取り

吉田藩江戸藩邸の火災記録

No.	年月日	被災内容
1	明暦3年(1657)1月18日	上屋敷・柳原中屋敷・新堀下屋敷類焼
2	万治4年(1661)1月20日	上屋敷類焼
3	天和2年(1682)12月28日	上屋敷・所々の屋敷類焼
4	元禄11年(1698)9月6日	上屋敷・柳原中屋敷類焼
5	元禄13年(1700)12月7日	柳原中屋敷出火
6	元禄16年(1703)8月29日	柳原中屋敷・谷中下屋敷類焼
7	宝永4年(1707)3月9日	北新堀下屋敷少々類焼
8	宝永7年(1710)12月19日	柳原中屋敷出火
9	正徳6年(1716)1月11日	柳原中屋敷類焼
10	享保4年(1719)2月14日	柳原中屋敷類焼
11	享保5年(1720)3月17日	柳原中屋敷類焼
12	享保6年(1721)3月3日	上屋敷類焼
13	享保16年(1731)4月16日	上屋敷出火(東長屋焼失)
14	延享4年(1747)3月9日	谷中下屋敷類焼(長屋2棟焼失)
15	宝暦6年(1756)11月22日	上屋敷類焼
16	宝暦7年(1757)2月12日	谷中下屋敷失火(中長屋1棟焼失)
17	宝暦10年(1760)2月6日	北新堀下屋敷・深川下屋敷類焼
18	宝暦10年(1760)11月11日	谷中下屋敷失火(東中長屋1棟焼失)
19	宝暦11年(1761)3月晦日	北新堀下屋敷失火(東隅中長屋1棟焼失)
20	宝暦13年(1763)12月20日	谷中下屋敷失火(長屋7棟焼失)
21	宝暦14年(1764)2月21日	上屋敷類焼(厩片棟焼失)
22	明和元年(1764)8月12日	谷中下屋敷失火(西長屋1棟焼失)
23	明和8年(1771)1月20日	深川下屋敷類焼
24	明和9年(1772)2月29日	上屋敷類焼
25	安永7年(1778)2月12日	北新堀下屋敷・深川下屋敷類焼(長屋4棟焼失)
26	安永10年(1781)2月2日	北新堀下屋敷失火(中長屋1棟焼失)
27	天明4年(1784)12月26日	上屋敷類焼
28	天明6年(1786)1月22日	北新堀下屋敷・深川下屋敷類焼
29	寛政3年(1791)12月20日	北新堀下屋敷類焼(長屋1棟の内焼失)
30	寛政8年(1796)3月13日	深川下屋敷類焼(長屋1棟・物置小屋1棟焼失)
31	寛政10年(1798)10月5日	谷中下屋敷出火(表門脇長屋屋根少々焼失)
32	享和元年(1801)2月11日	谷中下屋敷出火(長屋14棟焼失)
33	享和3年(1803)12月7日	小名木沢抱屋敷出火(表長屋の内焼失)
34	文化元年(1804)9月22日	谷中下屋敷出火(西長屋屋根少々焼失)
35	文化3年(1806)3月4日	上屋敷類焼
36	文化4年(1807)12月18日	谷中下屋敷出火(西長屋屋根少々焼失)
37	文化10年(1813)1月3日	谷中下屋敷出火(東外垣少々焼失)
38	文政12年(1829)3月21日	北新堀下屋敷類焼
39	天保5年(1834)2月7日	北新堀下屋敷類焼
40	天保10年(1839)11月27日	上屋敷類焼
41	弘化3年(1846)1月15日	北新堀下屋敷類焼
42	弘化4年(1847)12月26日	谷中下屋敷出火(養祖母宅1区焼失)

掛かった。建築需要が一気に高まるため木材の不足や高騰が懸念されたが、松平伊豆守家の菩提寺である野火止平林寺《のびとめへいりんじ》（埼玉県新座市）の境内林《けいだいりん》から杉七〇〇本を調達し、吉田領内から伐採した材木も江戸まで船で運んだ。吉田からは普請奉行が大工職人三〇人を連れて応援に駆けつけた。また、京都の御用達商人からも畳や板材が届けられた。

八月一日に地鎮祭をおこなって着工し、九月二三日に玄関広間棟の上棟式に漕ぎつけた。十一月には長屋が完成し、割り当てられた藩士たちが入居した。御殿の完成は大火から一年以上が過ぎた安永《あんえい》二年（一七七三）三月であり、同二一日にようやく藩主信明が上屋敷へ戻ることができた。

この時の再建に要した費用の記録は残っていないが、吉田藩では明和七・八年と領内の凶作が続いていたところに上屋敷が全焼するという、まさに〝泣きっ面に蜂〟状態になってしまった。再建事業が一段落した安永二年三月、吉田藩当局は藩士たちに対して「莫大《ばくだい》の御不足」という厳しい財政状況を伝えて倹約令を出し、財政を好転させる妙案を募集する家中触れを出した。江戸藩邸の普請は各大名が負担しなければならなかったため、藩邸の焼失は藩財政にとって大きな痛手であった。

殿様のルーティーン

江戸藩邸の主人である藩主（殿様）は、どのような日常生活を送っていたのだろうか。

ここでは、藩主の身のまわりの世話をする近習《きんじゅう》の勤務マニュアル「御近習勤　口達覚《こうたつおぼえ》書《がき》」（石川家文書）を通して、吉田藩主の暮らしぶりを紹介しよう。マニュアルの筆者は吉田藩士の石川新九郎《いしかわしんくろう》という。勤番として江戸滞在中の寛政《かんせい》一〇年（一七九八）に、同僚から口頭で伝えられた内容を書き留めた。当時の吉田藩主は松平信明で、老中首座として幕政を主導する立場にあった。

通常、藩主の起床時間は五つ前五寸と決められていた。春分・秋分の時期であれば午前七時半頃である。しかし、天下のご老中様ともなれば、もっと早起きしなければならない。将軍の名代、来客との対面、評定所への列席といった予定がある場合は、七つ半前五寸（午前四時半頃）や六つ前五寸（午前五時半頃）に起床した。

藩主の起床時間は、前夜に近習目付《きんじゅうめつけ》から当番の近習へ伝えられた。近習は藩主の起床時間より前に居間を掃除し、硯《すずり》が汚れていれば近習坊主へ渡して洗わせ、水入に水を入れておいた。こうした家臣たちの仕事もあるため、藩主が好き勝手に早起きして動き回ることはできなかった。起床時間になると、藩主の側に控える聞番《ききばん》の者が次の間へ「お目覚め」

と伝えた。

まずはトイレ。藩主が手を洗う際は、聞番の者が右手に持った湯桶《ゆとう》（注ぎ口と柄のついた容器）で藩主の手に水をかけ、左手に持ったタライで水を受けた。その間に他の側近たちで寝所を片付けておき、トイレ後の藩主は居間へ入った。その後は医師の診察がある。近習は頃合いを見てうがい・歯磨き用の道具を出し、うがい用の茶碗《ちゃわん》に水を注いだ。

続いて入浴である。入浴の世話は御湯係の者がおこなった。御湯係から「おあがり」と声がかかると、近習は次の間へ朝食の準備を指示した。藩主が湯殿から居間へ入ると、御髪係の者が呼ばれて月代《さかやき》を剃《そ》った。

その間に朝の御膳が運び込まれ、御膳から三尺（約九〇センチ）下がったところに御鉢係が座った。藩主がご飯をおかわりする時は、御鉢係が片手で碗の底を持ってご飯を盛り、再び片手で御膳に戻した。汁やおかずのおかわりはその都度次の間へ声をかけたが、数が多い場合はまとめて「お脇のおかわり」と呼んだ。食事が済んだら白湯《さゆ》または茶を飲み、最後にうがいをした。なお、食事は朝膳・夕膳・夕永《ゆうなが》（夜食）の一日三食であった。

藩主の食事の調理・配膳には細心の注意が払われたが、異物が混入してしまうこともあった。「江戸日記」には、信明の御膳のなかに虫がいたこと（寛政十一年）、汁のなかに髪の毛が入っていたこと（寛政十二年）が記されている。虫が混入した時は料理人が信明への目通り禁止処分になったが、髪の毛の混入時はお咎《とが》めなしで済んでいる。

ついでに食事にまつわる話をもう一つ。親族の忌日《きにち》などは精進日として肉や魚を食べない決まりになっていた。しかし、とある精進日の朝膳に鰹節《かつおぶし》がかかっていた。失念していた重役がよかれと思って料理人に指示したことがわかり、その重役は謹慎処分に、料理人もお叱りを受ける羽目になった。

四つ前五寸（午前九時半頃）になると着替えをおこなう。次の間にいる者が近習目付と小納戸へ「お召し物」と伝え、さらに用人《ようにん》・公用人《こうようにん》・家老へも順番に知らせた。藩主は着替えも自分ですることはなく、近習目付・小納戸・近習が二、三人で世話をした。懐には鼻紙入れや小さな折本（メモ帳）などを入れ、脇差と扇子を差した。着替えが済んだら直ちに拝所へ入り、先祖の霊に手を合わせた。

藩のなかで一番えらい藩主であれば、何でも思いどおりにできそうなイメージがあるが、日々のルーティーンがきっちりと定められており、何をするにも世話をする家臣が付いてくるので、わがままを通すことは難しかった。私のような庶民では、このように窮屈な生活はとても耐えられないだろう。

江戸の働き方改革

江戸滞在中の大名が絶対にやらなければならないことは、江戸城へ登城して徳川将軍に謁見することである。登城日は幕府から決められており、年始・五節句・月次御礼《つきなみおんれい》（毎月一日・十五日・二八日）などがあった。登城日は大名たちが一斉に行列を組んで登城するため非常に混雑することになり、朝早くに屋敷を出なければならなかった。

「江戸日記」には日々の登城時刻も記されている。藩主が幕府役職に就いていない場合、月次御礼の日は五つ時（午前八時頃）、江戸城内の詰所へ出仕する日は四つ時（午前一〇時頃）が多い。登城行列で混雑する日は、普段より早く屋敷を出ていることがわかる。

幕府の要職に就いた大名は、江戸城内で仕事をするため、頻繁に登城することになる。老中の場合、四つ時に登城して八つ時（午後二時頃）には退出した。執務時間は四時間にも満たない。現代の感覚からすれば随分短いように感じるが、当時はこれが普通であった。石川新九郎のマニュアルにも、四つ時を知らせる太鼓が聞こえたら、老中である藩主信明が江戸城へ登城すると記されている。

屋敷へ帰宅したあとも、藩主としての執務がある。藩主から用務に関する書類などを入れた御用箱を持ってくるよう指示があれば、近習は次の間の棚にある大きな御用箱と小さな添箱、硯箱を運んだ。小姓頭《こしょうがしら》や公用人などの重役を呼び出す際は、近習がそれぞれの執務室へ呼びに行った。重役以外の者を呼び出す場合は、近習が指示して手廻《てまわり》に呼びに行かせた。なお、近習が藩主の側にいながら他の家臣を近くへ呼び寄せる場合は、敬称を付けずに呼び捨てとした。

藩主の就寝時間になると、近習が枕元へ刀掛・鼻紙台・煙草盆《たばこぼん》を置き、火鉢を下げた。藩主の就寝中は、当番の近習が不寝番《ねずのばん》を務めた。不寝番はもともと一人が夜通しで担当することになっていたが、石川新九郎が務めた頃は一時《いっとき》(二時間)交代制に変わっていた。途中で寝てしまう不届き者がいたのかどうかはわからないが、江戸時代にも働き方改革がおこなわれていたようだ。

江戸藩邸の年中行事

武家社会では、秩序を保つための装置として儀式典礼が重要な意味を持っていた。現代でもおこなわれている年中行事のなかには、江戸時代の武家社会から受け継がれているものも少なくない。ここでは、三河吉田藩の江戸藩邸でおこなわれていたさまざまな年中行事を紹介しよう。

元日の祝儀では、藩主が居間に着座すると喰積《くいつみ》（正月を祝う食べ物）・大福・お茶・屠蘇《とそ》が次々に出された。一通り儀式が済むと、谷中下屋敷に住む藩主家族からの使者が挨拶して退出した。次に家老が祝いの言葉を述べ、喰積を頂戴して敷居の外に控えた。続いて中老が参上して祝いの言葉を述べて退出した。小姓頭・用人・用役《ようやく》は揃って参上し、一同で祝いの言葉を述べた。その他の家臣たちは、居間書院や小書院など、それぞれの役職に応じた部屋で藩主に新年の挨拶をした。

一月十一日は具足開き《ぐそくびら》である。武家では正月に鎧《よろい》兜《かぶと》を飾り、その前に具足餅（鏡餅）を供えた。十一日に具足餅を割り、みんなで食べることで関係を確かめ合った。吉田藩では、居間書院で藩主と家老が具足餅と吸物を一緒に食べて酒を飲んだ。主従が共食することの意味については後ほど紹介する。その後中老と小姓頭が一人ずつ参上し、熨斗鮑《のしあわび》を頂戴した。その他の家臣は、六つ半時（午前七時頃）から四つ時の間に小書院へ参上し、それぞれ具足餅を頂戴した。

上巳《じょうし》（三月三日）、端午《たんご》（五月五日）、七夕《しちせき》（七月七日）、八朔《はっさく》（八月一日）、重陽《ちょうよう》（九月九日）の祝儀は、それぞれ元日と同じような流れであった。まずは藩主家族からの使者が挨拶して退出し、次に家老が祝いの言葉を述べて敷居の外に控えた。続いて中老が祝いの言葉を述べて退出し、小姓頭・用人・用役が揃って祝いの言葉を述べた。

収穫を祝う玄猪《げんちょ》（一〇月の最初の亥《い》の日）では、餅が振る舞われた。家老に対しては藩主自ら餅を手渡した。中老・小姓頭・用人・用役も藩主の御前で餅を頂戴した。

十二月十三日の煤取《すすとり》は、正月を迎えるために一年の煤を払う行事、つまり年末の大掃除である。その年の厄を払う重要な節目でもあった。藩主が座る居間書院に竹を持った年男が参上し、恵方《えほう》を向き、竹で空中に「永」の字を書くのが作法であった。年男といえば、自分が生まれた年と同じ十二支を迎えた男性を思い浮かべるが、この場合はその家の正月関連行事を司る男性を指す。松平伊豆守家では、生まれ年の十二支に関係なく小姓頭・用人・奏者番《そうじゃばん》のなかから指名されることが多く、何年も連続で務めることもあった。

立春（十二月後半から一月前半）の前日は節分である。こちらも年男が主役となる。夕暮れ時に居間書院に藩主と重臣が座り、藩主からの祝辞を受けて、年男が居間書院の上の間と次の間に大豆をまいた。豆まきの際は中腰になり、恵方を向いて「福は内、福は内」と二回囃《はや》し、続いて鬼門（北東）を向いて「鬼は外」と一回囃すのが作法であった。

煤取と節分で年男がおこなう作法は、居間書院に続いて拝所や小書院などでも同様におこなった。また、この時に胴揚げをする風習もあったが、宝暦十三年（一七六三）以降は次の間に限られ、小書院など「表」の空間での胴揚げは禁止された。胴揚げには「ハレ」（非日常）から「ケ」（日常）に戻るという意味があるため、「ハレ」の空間である「表」での胴揚げを避けたと思われる。

毎月一日・十五日・二八日には、幕府と同じように月次御礼がおこなわれ、それぞれの役職や格式に応じた部屋で藩主に目通りした。藩主が江戸不在・病気・幼少の場合は、代わりに家老に謁見した。

松平伊豆守家の基本法

松平伊豆守家における年中行事で欠かせないのが、「御条目《ごじょうもく》」の読み聞かせである。

江戸幕府は、大名を統制する基本法として武家諸法度を制定し、八代将軍吉宗《よしむね》まで将軍の代替わりごとに改訂を繰り返した。「御条目」は武家諸法度の松平伊豆守家版である。承応《じょうおう》元年（一六五二）に松平信綱が家臣団統制のために制定し、以後三代信輝・四代信《のぶ》祝《とき》・六代信礼《のぶうや》の代に改訂された。最後の改訂となった明和六年（一七六九）以降は、毎年上巳と八朔の年二回、江戸と吉田で家老が家臣団に読み聞かせることが慣例になった。

御条目（明和令）の内容は次のとおりである。

定

一、幕府の法令は言うまでもなく、松平伊豆守家が代々出した法令も順守し、家業を油断なくたしなみ、何事も倹約し、贅沢《ぜいたく》や華美は禁止する。

附《つけた》り、結婚の儀式は相応よりも軽微とし、先祖の追善なども身分相応におこない、無駄な出費がないようにすること。

一、それぞれに奉公人を雇っている者、配下の者がいる面々は、下の者を憐《あわ》れみ、慈悲の心がけをすること。

一、町方・地方《じかた》役人は、その支配下の百姓が困窮しないように、何事も正路《せいろ》に取り計らうこと。

一、病気の場合は上役の許可をとり、同輩へも報告して自宅で養生すること。常日頃から慎み、大酒をしないこと。当番の際は酒を一切飲んではならない。

附り、家業のほか、みだらな遊びをしてはならない。

一、喧嘩口論があった際は、むやみに集まってはならない。ただし、その場に居合わせた者、隣家の者は別とする。役人も制外とする。

一、善悪にかかわらず、何事も人に加担すること、あるいは徒党を組むようなことをしてはならない。

一、住居は身分相応とし、荒れたら修理するように心がけること。

一、出火の際は、近所の者は速やかに集まって延焼を防ぐこと。役所にいる者はそれぞれの持ち場を守り、それ以外の者は役人の指示に従うこと。

一、洪水の際は、役所のそれぞれの持ち場へ参上し、城内に破損がないか調べること。地方役人は堤防や橋を丈夫にするよう指示すること。

附り、大風・地震などの際も同様に心がけること。

一、領内であったとしても、家中の者が遠方へ出かけることは禁止する。もしやむを得ない事情がある場合は、役人へ知らせて指示を受けること。ただし、役人は別とする。

一、家中の者の親類といえども、浪人や他家の者を家に置いてはならない。理由があってやむを得ない場合は、役人へ報告して指示を受けること。一泊だけであっても役人へ報告すること。

一、跡継ぎが年頃になれば、藩主へのお目見えを願い出ること。年長者になってもお目見えしないまま親が亡くなった場合は、跡目相続を許さない。五〇歳以上の者で跡継ぎがいない場合は、養子を願い出ること。

附り、特段の理由もないのに他家から養子を迎えてはならない。五〇歳以上は末《まつ》期《ご》養子を願い出てはならない。

一、縁組について、家中から嫁を迎える場合も書面で願い出ること。他家の者と縁組する場合は言うまでもないことである。

右の条文をしっかり順守すること。

明和六年三月

以上十三か条が、三河吉田藩の藩士たちが繰り返し読み聞かせられた内容である。第一条は、幕府法を吉田藩法の上位に置き、それぞれを順守して質素倹約に努めることを求めている。第二・三条は人の上に立つ者としての心構えを説いている。第四から九条は非常時における対応や日頃の備えについて、第一〇・十一条は藩士の行動制限について述べている。第十二・十三条は、相続・縁組など藩士の家の存続に関する項目であるが、これについては第二章で詳しく紹介する。

家光画伯のミミズク

二〇一九年一〇月、吉田藩主松平伊豆守家の末裔《まつえい》である大河内家の納戸から、鎌倉時代の歌人藤原定家《ふじわらのていか》が監修した『源氏物語』「若紫」の写本が新たに発見されたというニュースが新聞やテレビで大きく取り上げられた。

私は定家本「若紫」が大河内家に伝来している理由について、鑑定にあたった専門家より問い合わせを受けていたため、報道される前に発見の事実は知らされていたのだが、最初に一報を受けた時の感想は「まだ大河内家にあったのか！」であった。というのも、明治六年（一八七三）に作成された大河内家が所有する大名道具の管理台帳をパソコンでデータ化した経験があり、そこに定家本「若紫」が記載されていたことが記憶の片隅に残っていた。しかし、台帳に記載があったとしても現在所在が確認できているものはごくわずかであり、「若紫」も売却されたか戦災で焼失したのだろうと思っていた。それが見つかったというのは、『源氏物語』の研究者やファンが受けた衝撃には及ばないだろうが、私にとっても大きな驚きであった。それと同時に、もしかしたら台帳に載っているお宝がほかにもあるかもしれないという希望も抱いた。

というわけで、早速大河内家に調査を依頼したところ快諾していただいた。その調査成果は、二〇二〇年に豊橋市美術博物館で開催した企画展「吉田城と三河吉田藩」で紹介することができた。

なかでも三代将軍徳川家光が描いて松平信綱に下賜した「木兎図《みみずく》」は来館者に好評であった。家光といえば歴史の教科書にも登場し、「鎖国」政策など江戸幕府の基礎を確立した将軍として知られているが、近年は〝画伯〟としても存在感を放っている。注目されるようになった大きなきっかけは、二〇一九年に東京の府中市美術館で開催された企画展「へそまがり日本美術　禅画からヘタウマまで」であろう。ミミズク・鳳《ほう》凰《おう》・ウサギなどを独特な感性で描いた天下人の絵は、お世辞にも上手《うま》いとは言えないが、見る者を惹《ひ》き付ける不思議な魅力がある。大河内家伝来の「木兎図」は、「へそまがり」展の時点では存在が知られておらず、豊橋での展示が初公開となった。信綱は遺言で家光からもらった書状をすべて焼かせたため、この絵は

徳川家光筆「木兎図」（部分。個人蔵）

二人の絆《きずな》を示す貴重な歴史資料でもある。

家光に限らず、江戸幕府の歴代将軍は武芸だけでなく書や絵画などにも励んだ。将軍が自筆の書画を大名や近臣へ下賜する行為は、自身の権威を顕現させる効果を持っていた。特に家光と家綱《いえつな》は書画を数多く下賜した将軍として知られる。幕府が編纂《へんさん》した大名・旗本の系譜集である『寛政重修諸家譜《かんせいちょうしゅうしょかふ》』には、家光が書二四点・画二六点、家綱が書四八点・画七八点を下賜した記録が見える。大名にとっても、将軍自筆の書画を拝領するということは大変な名誉であり、拝領品は家宝として大切に保管された。

拝領書画の行方

大河内家の大名道具管理台帳には、将軍自筆の品として、家光画一幅・家綱画二幅・家綱書二幅・吉宗画一幅・家斉《いえなり》画二幅が記載されている。このうち、松平信綱が拝領した家光・家綱の書画五幅は別格の扱いをされ、まとめて赤漆《うるし》塗りの木箱に納められて現代まで伝わっている。しかし、吉宗と家斉の自筆画の行方は残念ながらわかっていない。

将軍自筆の拝領書画は、大名家でどのような扱いをされたのか、寛政七年（一七九五）に松平信明が拝領した徳川家斉自筆画を例に見ていこう。

寛政七年四月二七日、家斉は江戸城内で老中松平信明・戸田氏教《うじのり》・太田資愛《すけよし》・安藤信成《のぶなり》および老中格本多忠籌《ただかず》の五人に自筆画を二枚ずつ下賜した。信明は「竹日之出」と「枝折《しおり》柿」の画を拝領した。この時点では、二枚とも表装していない〝まくり〟の状態である。

拝領の知らせを受け、直ちに吉田藩上屋敷から公用人と供《とも》小姓《こしょう》が運搬役の足軽を連れて登城した。上屋敷の内玄関では年寄・中老・用人が出迎え、月番年寄の水野小一右衛門《こいちえもん》が公用人から受け取った。拝領画は手廻が居間書院まで持参して上座に置き、監視役として近習二人が付いて信明が城から戻るのを待った。

上屋敷へ戻った信明は、拝所へ入って先祖へ自筆画拝領を報告し、居間書院へ着座して二枚の画を拝見した。その後、年寄以下重役たちにも拝見が許された。さらに普段「表」の空間へ入ることがない信明の正室と二人の姫も居間書院へ入って拝見した。一通り拝見が済むと、信明自ら封をして年寄へ渡し、さらに年寄が封印を押して小姓頭へ渡した。小姓頭は受け取った拝領画を長持へ入れて保管した。

将軍自筆の画を拝領したということは、重役たちから親類の大名・旗本へ書面で報告された。また、吉田藩士たちに対しても目付を通じて家中触れが出され、拝領の事実を伝えるとともに、祝意を示すように指示された。

その後、拝領画を表装することになり、六月二二日に表具を表具師の伊東宗与《いとうそうよ》、軸を挽《ひき》物《もの》師の池島立円《いけしまりゅうえん》に依頼した。表装作業は、八月初旬に宗与と息子・弟子の三人が居間書院でおこなった。泊まり込みでの作業になり、一汁三菜の食事も提供された。作業期間中は吉田藩士が交代で見張り、夜間も近習が不寝番を務めた。

表装にかかった費用は、金五両二分二朱と銀五匁《もんめ》であった。伊東宗与は家斉から自筆画を下賜された老中五家から同時に仕事を請け負っていたため、宗与が使う道具代は五家で折半された。これとは別に、謝礼として宗与に銀三枚（銀一枚＝銀四三匁）、池島立円に銀一枚などが渡された。

拝領から約一年後の同八年四月二四日、信明ら老中たちが家斉からの拝領画を持って江戸城へ登城し、家斉の上覧に供した。〝まくり〟の状態で下賜した自分の画がどのような表装になったのか、家斉が確認したのである。老中たちにとっては、家斉はもちろん同輩たちにも見られるので、自分の面子《メンツ》を潰さないためにも貧相な表装に仕立てるわけにはいかなかった。

同九年二月二八日、拝領画のお披露目がおこなわれた。居間書院の床の間に拝領画二幅を掛け、手前には白木三方《さんぼう》に載せた熨斗を飾った。信明と正室はじめ家族が拝見し、奥女中にも拝見が許された。拝見時の女性たちの髪形は、儀礼用の正式な髪形である下げ髪（すべらかし）と定められた。続いて家老から用役までの重役が拝見し、お目見え以上の格式の藩士たちも順番に拝見が許された。

同十一年八月二七日、中老北原忠兵衛《きたはらちゅうべえ》、近習の勤務マニュアルを書いた石川新九郎らが勤番を終えて吉田へ戻るため江戸を出立した。これに合わせて、家斉画二幅をはじめとする拝領品、将軍・老中からの書状などを吉田へ運ぶことになった。江戸は火災が多いため、常時藩主の手元に置く必要がない重要書類や貴重なお宝は国元で保管され、小納戸が管理した。支配の正当性を保障する領知朱印状・領知目録、歴代藩主の位階・任官に関する書類、家光の「木兎図」を含む松平信綱が拝領した将軍の書画五幅なども吉田城内で保管されていた。

将軍の拳

書画以外にも、さまざまな品が将軍から大名へ下賜された。なかでも重要な意味を持っていたのが「御拳《おこぶし》の鳥」である。「御拳」とは、将軍の拳のことであるが、将軍が大名をゲンコツで殴りつけることではなく、将軍が拳に鷹《たか》をとまらせておこなう狩り（鷹狩）を指す。そのため、将軍が鷹狩で捕らえた獲物を「御拳の鳥」や「御鷹の鳥」と言い、獲物の種類（鶴・雁・雲雀《ひばり》など）に合わせて「御拳の鶴」「御鷹の雁」などとも言った。将軍が捕らえた獲物は、朝廷に献上されたほか、諸大名へも下賜された。

　吉田藩の場合、冬季に藩主が江戸在府中であれば「御鷹の雁」を一羽拝領するのが通例であった。松平信明が老中在任中には、通例の拝領に加えて、鷹狩のたびに鶴・鴨《かも》・白鳥・鷺《さぎ》・雲雀などを内々に拝領しており、将軍との距離の近さがわかる。

　宝暦四年（一七五四）の事例を紹介しよう。一〇月二四日に老中から連名で奉書が届き、明日四つ時（午前一〇時頃）に登城するよう指示があった。二五日朝、藩主松平信復《のぶなお》が登城すると「御鷹の雁」を一羽拝領した。直ちに留守居《るすい》役が徒目付《かちめつけ》・徒士《かち》・足軽五人を連れて江戸城へ出向き、雁を受け取った。雁は足軽が持ち、表門を通って上屋敷内へ入った。玄関の下座薄縁《うすべり》へ小姓頭と用人が、白洲へ奏者番と者頭《ものがしら》が参上して出迎えた。小姓頭が雁を受け取り、事前に大書院の床の間に出しておいた塗三方の上に置いた。城から戻った信復は大書院で雁をささげ持ち、居間に着座して嫡男信礼《のぶうや》・家老・中老から祝辞を受けた。その後、信復は老中たちの屋敷をまわってお礼を述べ、若年寄・側用人宅へも使者を派遣して謝意を示した。拝領した雁は二八日に調理され、家老・中老・小姓頭・用人ら重役たちへ振る舞われた。

寛政九年（一七九七）二月二八日に信明が拝領した家斉自筆画がお披露目されたことは先述したが、実はこれには続きがあった。同月七日に信明が拝領した「御拳の鴨」が、同じ日に振る舞われたのである。来客として松平輝和《てるやす》（同族、高崎藩主）・井伊直朗《なおあきら》（若年寄）・井上正甫《まさもと》（親類、浜松藩主）・安藤直之《なおゆき》（親類、旗本）・松平輝延《てるのぶ》（輝和嫡男）・松平信行《のぶゆき》（同族、旗本）・大河内久雄《ひさお》（同族、旗本）が招かれた。彼らは江戸城から帰宅した信明と小書院で対面した後、一緒に居間書院へ移動して家斉の自筆画を拝見した。その後、まずは「御拳の鴨」の肉が入った吸物が出され、続いて二汁五菜の料理を共に食した。鴨の拝領で世話になった幕府の表坊主二名も招いて謝礼を渡し、鴨肉の吸物や酒肴《しゅこう》でもてなした。家老以下の重役にも鴨肉の吸物が振る舞われた。また、来客以外の親類大名たちへも鴨肉をお裾分けしている。

日本に限らず、人と人が食事を共にするということは、家族や集団の共同性・連帯性を表現する手段になっている。特に神道の直会《なおらい》・キリスト教の聖餐式《せいさんしき》といった宗教的な儀礼を含む非日常的な共食は、その集団の結束をより一層強める効果がある。

「御拳の鳥」の振る舞いも、こうした共食儀礼の一例である。秋田藩主佐竹家における

「御鷹の鶴」の振る舞いを研究した大友一雄氏によれば、当初は主客が老中や幕臣であり、拝領に対する答礼という意味合いが強かったが、次第に藩主を中心とする親類との祝いの場へと性格が変化していったという。もっとも、性格が変化しても「御拳の鳥」を拝領した大名は振る舞いの場を設けることが強制され、共食を通じて将軍の存在を否が応でも体感させられた。また、藩主が家臣に鳥肉を振る舞って将軍からの御恩を共有することで、贈与の連鎖が生み出され、将軍―藩主―家臣という序列を確認する場にもなった。先ほど見た年中行事にも主従が共食する場面があったが、いずれも藩内の序列を明確にして結束を強める意味があった。

　寛政九年二月二八日に吉田藩上屋敷で同時開催された拝領画のお披露目と「御拳の鴨」の振る舞いは、藩主家族・親族から藩士・奥女中までを巻き込んだ吉田藩を挙げての一大儀礼であり、将軍家斉と老中信明の親密さをアピールし、藩内の結束を強める絶好の場となった。なお、前著（『三河吉田藩・お国入道中記』）をお読みいただいた方はピンと来たかもしれないが、二月二八日は寛永十五年（一六三八）に松平信綱率いる幕府軍が島原《しまばら》天草《あまくさ》一揆を鎮圧した日であることから、松平伊豆守家にとっては特別な記念日であった。開催日が一揆鎮圧から一六〇年の節目にあたるこの日であったのは、決して偶然ではない。

盆栽と鷹

ここまで将軍からの拝領品について見てきたが、大名側からの献上品も見ておこう。江戸時代の諸大名は、毎年決まった時期に領内の特産品などを「時《とき》献上」として将軍へ献上しなければならなかった。吉田藩では、正月に盃台、三月に串蜊《くしあさり》、五月に干鯵《ほしあじ》、土用（暑中）に葛粉《くずこ》、一〇月に粕漬《かすづけ》鯛（一時干鱸《すずき》に変わる）、寒中に塩引鮭を献上するのが定例化していた。串蜊や干鯵は毎回吉田から輸送されてくるのだが、まれにアクシデントもあった。不漁で小さい鯵しか手に入らなかった時は、幕府に例年より小さくても良いか断った上で献上した。また、道中で蜊が腐ってしまった時には代わりに銀杏《ぎんなん》を献上した。

定例の時献上以外に、内々で臨時に献上する「内《うち》献上」があった。国持大名のような大藩では頻繁に内献上がおこなわれ、将軍と親密な関係を構築するための手段として活用された。

吉田藩では、松平信明が側用人・老中時代に頻繁に内献上をおこなっている。内献上はあくまで内々の献上であるため、江戸城内の御用部屋（執務室）に詰める信明の家臣から、御用部屋担当の坊主衆を通じて将軍へ献上された。最初の記録は天明八年（一七八八）二月二三日で、松を献上した。信明は同月二日に側用人に抜擢されており、その謝礼の意味があったのだろう。同年四月四日に老中に就任して間もない十一日にも、北新堀下屋敷の庭にあった椎《しい》と梅の木を一本ずつ献上した。「江戸日記」に登場する内献上記録は、天明八年から享和《きょうわ》三年（一八〇三）までの十六年間で七五回に及ぶ。

信明による内献上は、寛政三年（一七九一）からパターン化している。春と秋は鉢植え（盆栽）である。春は桜・桃・海棠《かいどう》・藤などの花物が多く、秋は定番の松が多いが、蘭や棕櫚竹《しゅろちく》の年もあった。

園芸技術が発達した江戸時代には、武家などの上流階級はもちろん、庶民の間でも園芸ブームが巻き起こった。楽しみ方も草花を花壇で育てる地植えから、持ち運びできる鉢植えへと変化した。諸大名の江戸藩邸でも庭園に大規模な植木棚が設置され、鉢植えされたさまざまな植物が大名や来客の目を楽しませた。

徳川家斉も園芸愛好家として知られ、自ら園芸植物の手入れをおこない、育てた鉢植えを大名に下賜した。また、植木屋を見物するために染井《そめい》村や巣鴨《すがも》村（共に東京都豊島区）へ出向くこともあった。そのため、後世の研究者からは「園癖《えんぺき》将軍」とまで呼ばれている。

家斉と信明のエピソードにも、園芸にまつわる次のような話がある。ある時、家斉が近習に命じて江戸城本丸御殿内にある小座敷の庭に草木を植えさせていた。そこへ信明がやってきて「このような小さな庭で楽しむことは度量が狭いことです。天下国家を治める御身であれば、国内の山岳滄海《そうかい》はすべて庭も同然です。近習がこのようなことで心力を労するのはいかがか」と諫《いさ》めたという。その御身に鉢植えを献上していたのは、どこのどなたでしたっけ？　と思うのは野暮であろうか。

信明は年二回の鉢植え献上に加え、十一月頃に宮重大根《みやしげ》（尾張《おわり》原産のダイコン）と日野菜《ひのな》（近江《おうみ》原産のカブ）をセットで、十二月頃には粕漬甘鯛を献上した。これらの品目も将軍家斉の嗜好に沿ったものであったと考えられる。

寛政一〇年以降は鷹狩に関する内献上も加わった。「御拳の鳥」のように鷹狩の獲物が贈答品になったが、鷹そのものも贈答の対象であった。東北地方の大名などは「時献上」で鷹を将軍に献上し、それらの鷹は将軍が鷹狩をおこなったあとで大名に下賜されることもあった。信明は、寛政一〇年五月に公用で出張した日光の土産として雀鷂《つみ》（小型の鷹）のヒナを献上したのを皮切りに、享和二年まで五年連続で鷹類を献上した。信明が家斉から拝領した鷹を使って谷中下屋敷で鷹狩をおこなうこともあり、獲物の小鴨や菱喰《ひしくい》を寛政十二年から四年続けて献上した。

松平信明といえば、清廉潔白で賄賂嫌いなイメージがあるが、内献上には積極的であったことがわかる。献上した品々が高額であったことは想像に難くないが、老中として安定した政権を維持するために将軍と良好な関係を保つことは何よりも優先され、必要不可欠な出費と認識していたのだろう。

御三階下の町人たち

江戸藩邸には、武士だけでなく町人（商人）や百姓が出入りすることもあった。特に商人たちにとって、消費需要の塊《かたまり》である江戸藩邸に出入りすることは大きな価値があった。恒常的な付き合いができれば莫大な利益を享受することができ、大名家御用達というステータスも得ることができた。

吉田藩の江戸藩邸に出入りする御用達商人のなかで特別扱いされた者たちを「御三階下《ごさんかいした》町人」と呼ぶ。御三階とは、上屋敷が鍛冶橋門内に移る以前の屋敷内にあった三階建ての建物を指し、その下で藩主にお目見えが許されたことからこの呼び名が付いた。そのため「元御三階下町人」と呼ばれることもあった。

御三階下町人のメンバーは、宝暦二年（一七五二）時点で布屋清三郎《ぬのやせいざぶろう》・江市屋宗助《えいちやそうすけ》・加《か》藤善次郎《とうぜんじろう》・茗荷屋八郎兵衛《みょうがやはちろべえ》・三河屋久右衛門《みかわやきゅうえもん》・小倉屋半兵衛《おぐらやはんべえ》・田中新兵衛《たなかしんべえ》・石福嘉兵衛《いしふくかへえ》・

橋本庄助《はしもとしょうすけ》・松屋茂平《まつやもへい》・藤井半右衛門《ふじいはんえもん》・大澄善兵衛《おおすみぜんべえ》の十二人であった。メンバーは固定ではなく入れ替わりがあったが、人数は十二人前後で推移した。彼らは出入扶持《でいりぶち》として藩から米を支給され、その額は二人扶持から一〇人扶持以上まで差があった。

彼らの多くは、藩財政の不足を補うために才覚金（御用金）を負担していた。例えば、吉田藩は十八世紀中頃の段階で布屋清三郎に対して金六四〇三両余の負債があった。

御三階下町人が吉田藩の上屋敷を訪問する機会は年に三回あった。一月三日には座敷で藩主にお目見えして新年の挨拶をおこなった。六月（暑中）には御用所へ参上し、家老から帷子《かたびら》などを渡された。十二月（歳暮）にも同様に小袖などを渡された。

御三階下町人ではないが、彼ら以上に別格の扱いを受けたのが江戸を代表する米問屋の兵庫屋《ひょうごや》（古川《ふるかわ》）弥兵衛《やへえ》である。寛政年間の出入扶持は十五人扶持で、三人の手代にも出入扶持が与えられていた。新年の挨拶は居間書院で単独でおこない、六月には単 裃《ひとえかみしも》と帷子が、十二月には裏付裃と小袖が渡された。吉田藩主が参勤交代で江戸を発つ際と戻ってきた際には、お目見えが許された。また「御鷹の雁」の雁肉をお裾分けされた。

兵庫屋に対する厚遇の背景には、多額の才覚金を負担したことに加え、吉田へ送る荷物の大部分を回漕したこと、江戸藩邸の普請に協力したことといったさまざまな貢献があった。また、八月十五日の深川富岡八幡の祭礼を見物するために、藩主の子女が永代橋向かいの兵庫屋を訪問することもあった。

出入町人と出禁町人

兵庫屋と御三階下町人以外にも、吉田藩の江戸藩邸に出入りした町人は数多くおり、彼らをまとめて「惣出入町人《そうでいり》」と呼んだ。

惣出入町人の新年の挨拶は、一月三日に廊下でおこなった。兵庫屋は居間書院、御三階下町人は座敷であるから、挨拶する場所で明確な格差が付けられていたことがわかる。宝暦三年（一七五三）の「江戸日記」には、新年の挨拶に訪れた惣出入町人五二名の名前が書き連ねられている。屋号から職業を判断できる者もおり、指物屋・紺屋・屋根屋・荒物屋・畳屋・瓦師・弓師・経師《きょうじ》・錺屋《かざりや》など多様な商人・職人が出入りしていたことがわかる。

ところで、町人たちが吉田藩の江戸藩邸に入る際には、目付が発行した駒形の木札を門番に提示しなければならなかった。谷中下屋敷に出入りする者へ渡した木札の一覧表によれば、商人札十一枚、下《しも》掃除札一〇枚が発行されていた。

下掃除とは、屎尿《しにょう》の汲み取りである。屎尿は「下肥《しもごえ》」として農作物の肥料になるため、多くの人間が暮らす藩邸の汲み取りを許されることには大きな意義があった。しかも、屎尿は汲み取る側が代金を支払うか、野菜などの生産物を納めることになっていた。

谷中下屋敷の下掃除札を与えられたのは、田端《たばた》村（東京都北区）・尾久《おぐ》村（東京都荒川区）・赤塚《あかつか》村（東京都板橋区）・白子《しらこ》村（埼玉県和光市）など、江戸の市街地より北にある近郊農村の者たちであった。ほかの藩邸にも、近郊農村から汲み取りに来ていたと思われる。

出入りを許可された町人がいる一方で、出入りを禁止された町人もいた。

天明四年（一七八四）一月、吉田藩の目付が藩邸の門番に対して、門の通行を許してはならない者の一覧を通達した。その内容は、一枚絵草紙《えぞうし》売、紙多葉粉入《かみたばこいれ》売、火打鎌火打石売、菓子売、桜草売、虫売、鍋の鋳掛《いかけ》（修繕）、奉加帳《ほうがちょう》に参り候者（寄附の要求）、鏡磨き、うちわ売、羅宇《らう》（キセルの管）のすげ替え、（扇の）地紙売、鮒《ふな》めだか売、盆太鼓売、短冊売、植木売の一六業種であった。やけに具体的であるが、藩邸内の風俗が乱れるもとであると敵視されたと考えられる。ただし、藩邸の外で藩士たちがこれらを買い求めることはあったろう。

また、藩主の身内に不幸があった時などは藩士も含めて肉食を断つため、魚屋も藩邸内への立ち入りを禁止された。

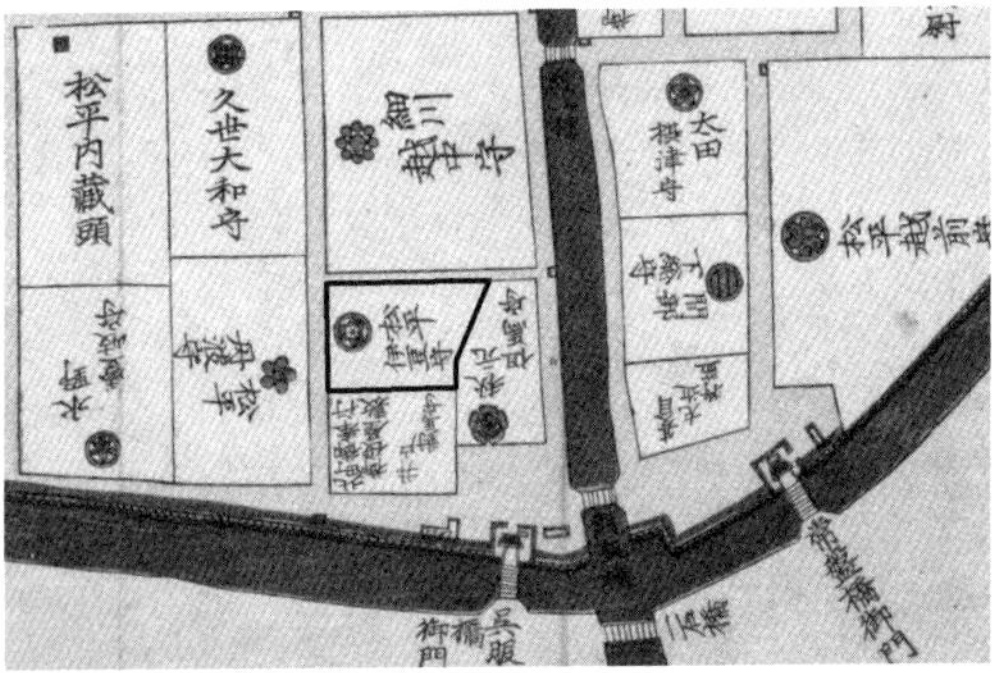

江戸切絵図 太線で囲んだところが松平伊豆守家の上屋敷。
（部分。国立国会図書館蔵）

江戸時代の交番？

次は江戸藩邸の外にも目を向けてみよう。

幕末期に出版された江戸切絵図を見ると、道の曲がり角や交差点などに四角形の印がついていることに気づく。これは武家地の治安維持を目的として設置された辻番（辻番所）という見張り番所である。ここには辻番人が交代で詰め、廻り場と呼ばれる担当範囲を見廻り、異常があれば対処した。なんだか現代の交番のようである。確かに役割や形態は非常によく似ているが、交番が警察という行政機関の下部機構であるのに対し、辻番は近隣の武家屋敷所有者が個別に運営していた。ただし、辻番は武家屋敷の外にあったため、幕府の目付・辻番改《あらため》（徒目付・小人《こびと》目付）の支配下に入り、江戸市中の武家地における治安維持体制の末端に位置付けられていた。

辻番には三つの形態があり、幕府が設置した公儀辻番、一家の大名が運営する一手持《いってもち》辻番、大名・旗本が複数家で共同運営する組合辻番があった。江戸時代後期には一〇〇〇か所近くの辻番が存在していたが、約八割は組合辻番であった。組合辻番の場合、各家は石高や屋敷面積から算出した辻番高に基づいて、運営や修繕にかかる諸費用を分担した。

　三河吉田藩も各藩邸近くの辻番を運営していたが、いずれも組合辻番であった。鍛冶橋門内に上屋敷があった際は、大名小路の辻番を岩村藩主松平能登守《のとのかみ》と二家で運営し、辻番高は吉田藩が五万石、岩村藩が一万六〇〇〇石（後に一万五〇〇〇石）であった。

　谷中下屋敷近くの組合辻番は、正式名称を「谷中善光寺坂松平伊豆守頭取辻番所組合」といい、吉田藩が頭取を務めた。組合の家は時期により変動があるが、天保十三年（一八四二）には六家が加入していた。吉田藩の辻番高は一万八〇〇〇石（後に一万六〇〇〇石）で、運営費の七～八割を負担していた。

谷中組合辻番の加入者

加入者	辻番高	石高
松平伊豆守	16,000	70,000
秋元但馬守	1,000	60,000
松平藤九郎	1,500	2,500
近藤七郎右衛門	100	334俵
森次郎三郎	1,560	1,560
尾藤高蔵	200	200
合計	20,360	

天保13年（1842）時点

　辻番の制度的検討をおこなった岩淵令治氏によれば、辻番の職務は二つに大別できるという。第一は、不審者や喧嘩・辻斬りの当事者を番所へ拘束して「留置」することで

浮世絵に描かれた辻番所（右奥の建物）
（『江戸勝景 芝新銭座之図』部分。国立国会図書館蔵）

ある。もともと辻番が設置されたのは辻斬り行為を取り締まるためであり、路上の治安維持は辻番の本来的な職務であった。辻番に「留置」された者は、幕府の取り調べを受けて処分が決まったため、大名が運営していたとしても、辻番は公儀（幕府）の番という性格を持っていた。第二は、廻り場の管理である。具体的には捨て子・迷子・病人・酒酔人の保護、死体・捨物・事故の処理、馬の保護などがあった。これらについても、基本的には幕府の目付・辻番改の管轄下に置かれた。

人の往来が盛んな路上は、多種多様な異変が発生する舞台であった。辻番人が異変に対処するため「異扱要覧《いあつかいようらん》」というマニュアルまで作られ、刷り物として各辻番の間で流布《るふ》していた。吉田藩目付の大嶋左源太が書き留めた「辻番所心得留」のなかにも「異扱要覧」の条文が写されている。

辻番の請負人

辻番は大名が直接運営して足軽を番人として置くこともあったが、町人に請け負わせることも多く、その場合は「日用《ひよう》」層と呼ばれる派遣労働者が番人として雇用された。吉田藩と岩村藩の組合辻番でも、足軽の人員を削減するため、宝暦六年（一七五六）六月に相模屋《さがみや》（相田《あいだ》）半右衛門《はんえもん》へ請け負わせることを決めた。契約書の内容は次のとおりである。

大名小路御上屋敷辻番所組御足軽入口《いれくち》積り書

一、三つ道具
一、捕縄
一、馬留め縄
一、大行灯《あんどん》　張り替え
一、廻り提灯《ちょうちん》　張り替え
一、番手桶　輪替え

一、寄棒《よりぼう》　六本

一、畳表替え　一年に一度ずつ私共で取り替え

右の引継ぎ道具が破損したら、私共で修復致します。公方様（将軍）の御成の際、または臨時で必要になった際は、御紋附大提灯と看板羽織を御屋敷様（吉田藩・岩村藩）から御出し下さい。番所の修復は、少々のことでも御屋敷様でおこなって下さい。廻り提灯・有明大行灯（常夜灯）・油・蠟燭《ろうそく》・飯米・味噌・薪炭・勝手道具、その他必要な道具は私共から出します。

一、昼は番人四人・夜は番人六人で勤めさせます。

右の番人は五〇歳以下二〇歳以上で、随分宜《よろ》しい者を差し出し、夏冬ともに揃いの羽織を着せ、御屋敷様の足軽のように身なりを整え、しっかりと勤めさせます。もっとも、御支配役人様方の指図を受け、しっかりと勤めさせます。もちろん、番人は朝夕辻番所で食事をするので、火の取り扱いには特に注意し、煙は目立たないように申し付けます。

犯罪者を捕らえるための三つ道具（刺股《さすまた》・突棒《つくぼう》・袖搦《そでがらみ》）をはじめ、主要な道具は藩が用

意したが、これらの修繕費用や消耗品は請負人が負担した。将軍の御成の際など、藩主の家紋や合印が付いた提灯や衣類が必要な時は藩から提供した。番人の人数は辻番高に基づいて設定されており、二万石以上はこの契約にあるとおり昼四人・夜六人とされた。年齢については二〇～五〇歳でふさわしい者を派遣すると規定しているが、「辻番は棒をつかぬと転ぶたち」という川柳があるように、老人や病人が勤める事例も多く見受けられ、幕府が問題視することになった。

この契約の請負額は、年間金四三両（約四〇〇万円）で、まずは着手金として半額を支払い、残りは十二月下旬までに支払う約束をした。なお、請負額は後に金四八両に値上がりした。

ところが八年後の同十四年二月、吉田藩と岩村藩は相模屋との契約を破棄することになった。番人の年齢制限があるにもかかわらず老人を雇用し、身なりも見苦しくなっていったのである。藩側も度々厳重注意してきたが、ついに堪忍袋の緒が切れて「請負取上《とりあげ》」を決断した。代わりに、小川町や下谷あたりの辻番を請け負っている実績がある伊勢屋左五兵衛と、年間金四五両で契約を結んだ。

江戸の武家地には一〇〇〇か所近い辻番があったことから、一つひとつの辻番が担当す

辻番の廻り場変更の図

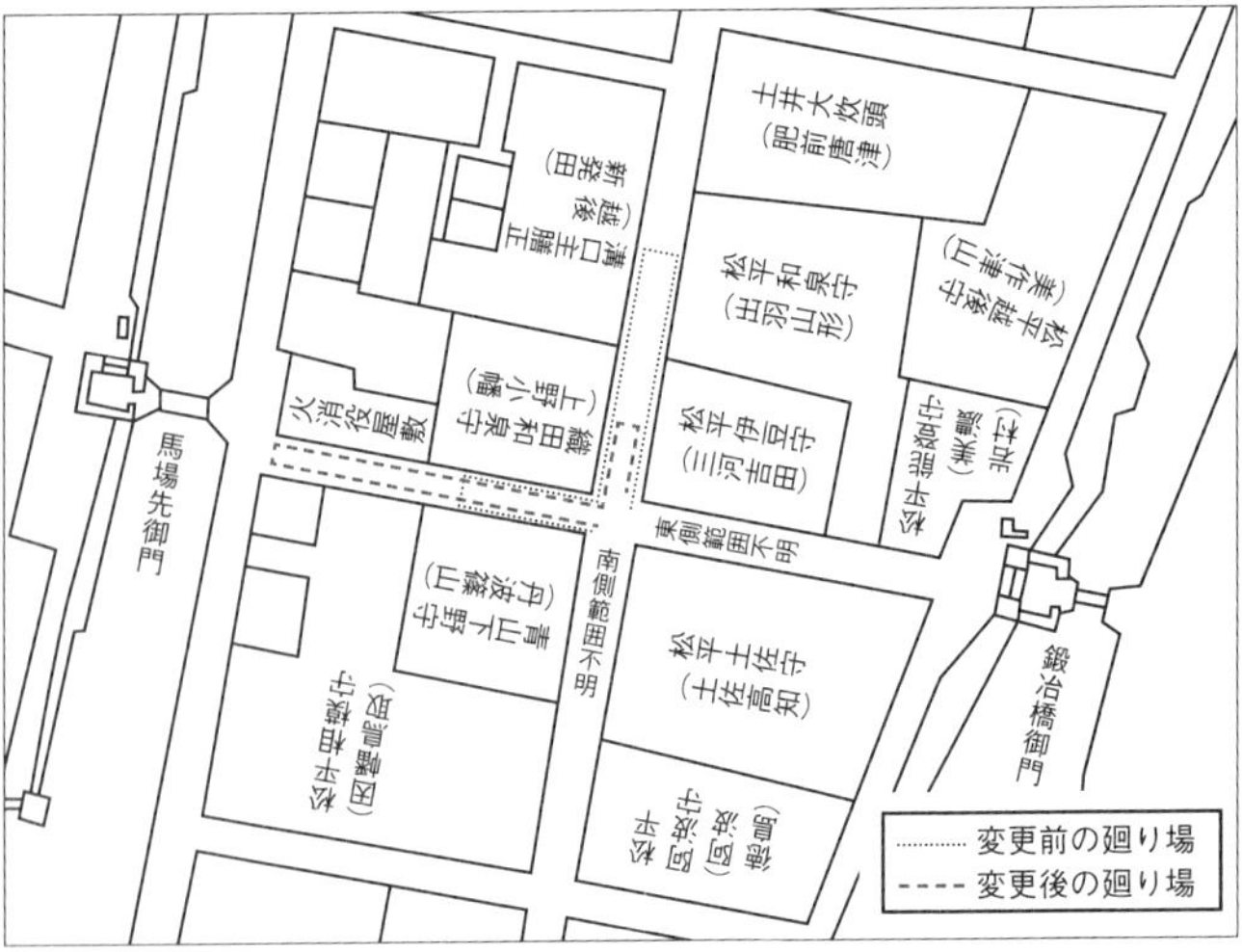

る廻り場は、決して広くはなかった。吉田藩と岩村藩の組合辻番の廻り場は、宝暦十二年四月に変更された。それまでは北は松平和泉守《いずみのかみ》（山形藩）邸の表門までだったのが織田和泉守（小幡《おばた》藩）邸の表門までに短縮され、西は青山下野守《しもつけのかみ》（篠山《ささやま》藩）邸の裏門までだったのが馬場先門橋手前の火消役屋敷の角までに延長された。

捨て子と乳

ここからは、「江戸日記」のなかから辻番が関わった事件を紹介しよう。

安永五年（一七七六）六月二六日の八つ時（午前二時頃）過ぎ、大名小路の見廻りをしていた辻番人が、青山下野守邸の表門脇に捨て子が置かれているのを発見した。早速吉田藩上屋敷へ報告し、留守居の関屋斧右衛《せきやおのえ》門《もん》が目付・徒目付・足軽小頭・下目付を現場へ急行させた。そして廻り場内で発生したことに間違いないか確認し、青山家の留守居も立ち会った上で、捨て子の傷の有無や着物などを調べた。捨てられていたのは生後半年に満たない女児で、見たところ傷はなく、古い小袖を枕とし、小紋の木綿袷《もめんあわせ》を着せられ、古い小布団に包まれていた。

関屋は保護した女児を中間大頭《ちゅうげんおおがしら》の武谷数右衛門《たけやかずえもん》に預け、乳を飲ませ、医師の診察を受けさせた上で養育するように申し付けた。また、松平能登守の留守居へこの件を知らせ、幕府目付へも報告書を提出した。

捨て子の多くは乳児であったため、命綱である乳の確保は大切であった。捨て子や乳を切り口に江戸時代のいのちについて研究している沢山美果子氏によれば、江戸時代の史料に母の乳、人乳、女の乳という言葉は出てくるが、母と乳を直接結びつける「母乳」という言葉は出てこないという。たとえ捨て子でなくとも、江戸時代の乳児たちが母以外の乳をもらうケースは珍しくなかった。

女児を預かった武谷は、上屋敷内の「軽き者」のなかで乳が良く出る者を探した。しかし該当者は見つからず、谷中下屋敷内に住む足軽市川仁左衛門《いちかわにざえもん》の妻るんの乳が良く出るというので預けることになった。しかし、女児は二八日の七つ時（午前四時頃）から高熱を出し、乳を一向に飲まなくなってしまった。医師の診察によれば撮口《さっこう》（臍部《さいぶ》の破傷風）であった。薬を処方したが、乳を飲むことができない赤子の命をつなぐことはできず、保護されて丸三日が経過した二九日の七つ時に亡くなった。

捨て子が病死したという知らせを受けた関屋斧右衛門は、すぐさま幕府目付へ報告書を提出した。その日の昼には幕府から小人目付が谷中下屋敷へ派遣され、不審な点がないか検分がおこなわれた。女児の遺体は谷中の加納院《かのういん》へ埋葬を依頼し、埋葬料として金一〇〇疋《ぴき》・銭二〇〇文（約二万九〇〇〇円）を渡した。この捨て子一件はこれで完結した。

「異扱要覧」の第一条に挙げられているのは「捨子之事」である。江戸時代の捨て子は、徳川綱吉が出した「生類憐み令」によって禁止された。犬愛護令の印象が強い「生類憐み令」は綱吉没後に廃止されたが、捨て子の禁止は引き続き維持された。その結果、捨て子を保護し養育する救済システムが生み出され、捨て子が生き延びる可能性が高まった。しかし、一方でそのことが捨て子を生み出すという矛盾もはらんでいた。

江戸の武家地は、辻番人が定期的に見廻るため発見されやすく、武家屋敷を通じて身元が確かな人物に引き渡される可能性が高かったため、子を捨てる場所として選択された。

今回の捨て子は命をつなぐことができなかったが、息災であれば確かな人物に引き取られるはずであった。地方の城下町でも人通りの多い場所で捨て子が発見される事例が多く、吉田城下でも度々捨て子の記録が見える。

路上で切腹した武士

　宝暦一〇年（一七六〇）一〇月一〇日の夜四つ時（午後一〇時頃）過ぎ、谷中の見廻りをしていた辻番人が、護国院の裏門前に倒れている男を発見した。直ちに谷中下屋敷へ報告し、徒目付二人と医師二人が現場へ向かった。隣家の秋元但馬守《たじまのかみ》（川越藩）邸からも家来が出てきたため、同行して一緒に検分した。男は五〇歳くらいの武士で、切腹しており、発見時はまだ少し息があったが間もなく絶命した。当時、谷中の組合辻番は松平伊豆守・秋元但馬守・蒔田《まいた》河内守《かわちのかみ》の三家で運営しており、この年は秋元家の当番であったため、同家から幕府へ報告した。

　翌日昼、幕府の役人が現場を検分し、組合三家の家来・辻番人から調書をとった。男の懐中から旗本の前田信濃守《しなののかみ》と宮原市正《みやはらいちのかみ》の名前が書かれた書類が発見されたため、両家の家来を呼んで話を聞いたところ、切腹した男は宮原市正の家来篠原右門《しのはらうもん》であると判明した。

篠原の遺体と所持品は宮原家の家来が引き取っていった。

消えた泥酔男

安永七年（一七七八）三月一〇日の夜五つ時（午後八時頃）過ぎ、大名小路の見廻りをしていた辻番人が、青山下野守邸の表門前で中間のような恰好をした男が倒れているのを発見した。泥酔して水路に落ち、自力で這い上がったがそのまま倒れたように見えた。早速仲間の番人を呼び、三人で辻番所まで連れていった。色々と介抱したが、まだ泥酔していたため暴れまわり、濡れていた着物も着替えさせてやったが何度も脱ぎ捨てる有様であった。手に負えないため、仕方なく縄で手を縛って寝かせたところ、しばらくして熟睡したので着物を着せた。なお、辻番人が幕府役人の指示なく武士に縄をかけることは禁止されていたが、今回は中間と判断したため縛っている。

日付が変わった八つ時（午前二時頃）頃、男は酔いが醒《さ》めたのか、着物を脱ぎ捨て、所持品（煙草入れ・提灯）を置いて逃げ出してしまった。縄については、男が自分で解いたのか、または熟睡した男に着物を着せるために辻番人が解いたのかは記述がないためわからない。辻番人たちは慌てて男の行方を捜しまわったが発見できず、六つ半時（午前七時頃）

に吉田藩上屋敷へ事の顚末《てんまつ》を報告した。保護した男に逃げられるという失態を演じた辻番人六人は、南町奉行牧野成賢《しげかた》の取り調べを受けることになった。その結果、六月二五日に「押込《おしこめ》」の処分が申し渡され、約一か月後に許された。

辻番の世話になった吉田藩士

最後は吉田藩士が他家の辻番の世話になった事例を紹介しよう。

明和八年（一七七一）九月二七日、吉田藩士朝比奈千八《あさひなせんぱち》は私用のため、同僚の皆川紋右衛《みながわもんえ》門《もん》を誘って外出した。しかし、井伊掃部頭《かもんのかみ》（彦根《ひこね》藩）邸の門前まで来たところで、皆川は少し気分が悪いと言って帰ることにした。特段悪そうにも見えなかったので、朝比奈は付き添わずにそこで別れた。

翌二八日の昼過ぎ、米沢《よねざわ》藩上杉家の家来が吉田藩上屋敷を訪問し、吉田藩士を保護していることを伝えた。聞けば、今朝松平筑後守《ちくごのかみ》（杵築《きつき》藩）の辻番の廻り場で武士が倒れているのを辻番人が発見して保護した。武士はすぐに気分が良くなったので、自分が吉田藩の家中であることを伝えて立ち去った。しかし、その武士がすぐ近くの米沢藩邸前で倒れているのが発見されたとのことであった。

直ちに吉田藩の徒目付・足軽小頭・下目付が米沢藩邸へ派遣された。保護された武士はすでに話すことができず、顔も擦れて流血しており、吉田藩士が見ても誰なのか判別できなかった。そこで米沢藩士と相談して懐中を改めたところ、「皆川紋右衛門」と名前を書いた木札が見つかり身元が判明した。

この一件を幕府へ届けるか否かについては、米沢藩と吉田藩の留守居同士が相談し、どこにも届けずに内々で済ませることに決まった。皆川は吉田藩が用意した駕籠《かご》に乗せられて吉田藩上屋敷へ戻った。医師の治療を受けたが回復することはなく、二九日暁に死亡と診断された。おそらく皆川はすでに米沢藩邸で亡くなっていたが、それでは米沢藩にさらに面倒をかけることになるため、吉田藩邸に戻ってから亡くなったと処理したのであろう。

この一件が片付くと、吉田藩は米沢藩の留守居と医師に交肴《まぜざかな》（進物用の鮮魚）を、米沢藩留守居の部下・足軽・中間と杵築藩の辻番人へ現金を謝礼として渡した。

上水と下水

海岸に近い湿地を埋め立てた土地が多い江戸の街にとって、人間が生きるために欠かせない飲料水の確保は、まさに死活問題であった。武家地を含む江戸市中へ飲料水を供給した二大上水が、井の頭池を水源とする神田上水と、多摩川から取水した玉川上水である。ちなみに、玉川上水の開削惣奉行を務めたのは松平伊豆守家の初代信綱である。水道代は水銀《みずぎん》と呼ばれ、武家地には石高割で賦課《ふか》された。

鍛冶橋門内の吉田藩上屋敷では、明和元年（一七六四）まで近くの松平相模守《さがみのかみ》（鳥取藩）邸へ引き込まれた玉川上水から分水を引いていた。しかし翌二年に鳥取藩邸からの引き込み水道を塞ぎ、以後は屋敷内に設けた上水井戸を使用した。

給水のための普請費用は、近所の利用者で構成された組合が負担した。明和七年十一月、箱崎橋際組合は上水登龍樋《とうりゅうひ》桝（流水を高所へ上げる設備）の普請をおこなった。この組合は吉田藩の北新堀下屋敷のほか、久世《くぜ》出雲守《いずものかみ》（関宿《せきやど》藩）下屋敷、箱崎町、北新堀町で構成されていた。普請費用の総額は金五六両ほどで、七割半を武家方、二割半を町方で負担した。武家方分は、吉田藩（七万石）と関宿藩（五万八〇〇〇石）が石高に応じて分担し、吉田藩は金二三両三分・銀一〇匁余を支払った。

主に雨水を排水する下水の普請費用も、利用者が共同で負担した。安永四年（一七七五）五月、松平土佐守（土佐藩）邸の東側を通る下水の箱樋二間四尺（約五メートル）と石蓋三枚を更新した。普請費用は金七両余で、土佐藩のほか、この下水を利用している岩村藩・

西尾藩・吉田藩が石高に応じて分担した。吉田藩は金一両一分・銀一〇匁余（約十四万円）を支払った。

組合辻番の運営や上下水の普請費用分担は、藩庁同士が離れている国元とは違い、偶然屋敷が近くなった者同士の間で生まれる、江戸ならではのご近所付き合いであった。

第二章　江戸ではたらく武士

勤番藩士と定府藩士

　江戸藩邸で働く武士というと、参勤交代の行列に加わり国元から単身赴任でやってきた「勤番《きんばん》藩士」というイメージが強いだろう。田舎から出てきた彼らにとっては、大都会江戸で見るものはすべてが珍しく、貴重な経験として記録を残す者もいた。臼杵《うすき》藩士国枝外《くにえだと》右馬《うま》や和歌山藩士酒井伴四郎《さかいはんしろう》などの勤番日記、久留米《くるめ》藩の勤番長屋を描いた絵巻などは、江戸藩邸の様子や勤番藩士の暮らしぶりがわかる貴重な記録である。

　藩主の在府に従って江戸に詰める勤番藩士に対し、常に江戸藩邸で勤務する武士を「定《じょう》府《ふ》藩士」という。彼らは妻子とともに藩邸内の屋敷や長屋で生活していた。勤番藩士のイメージが強いあまりに、定府藩士は少なかったと思われがちだが、実はそうでもない。

　安永《あんえい》六年（一七七七）四月時点の吉田藩士の内訳を見ると、正規の武士である「士分」の居住地は国元が二一七人、江戸が二一〇人とほぼ同数である。つまり、吉田藩士の約半分は定府藩士であったことになる。足軽・中間《ちゅうげん》も含めれば、江戸藩邸では六八七人が働いていた。彼らの妻子も生活していたことを踏まえれば、藩邸内の居住者は一〇〇〇人を優に超えていたことになる。

　吉田藩主は幕府の要職を務めることが多く、長期間参勤交代をおこなわないことも珍し

三河吉田藩士内訳　安永6年4月時点

江戸

区分	人数
士分	210
役人以上	(26)
馬廻より徒格まで	(160)
御目見子供	(7)
隠居	(7)
家督子供	(4)
勤方用捨（小普請）	(6)
足軽	231
徒士（給金取）	(25)
坊主	(21)
足軽	(123)
長柄小頭・中間小頭 　勘定奉行支配・厩小頭 　供廻小頭・小足軽 　下目付・内支配	(37)
供廻り・仕の者	(25)
中間	246
合計	687

国元（吉田・新居・江州）

区分	人数
士分	217
役人以上	(30)
馬廻より徒格まで	(156)
御目見子供	(17)
隠居	(7)
家督子供	(5)
勤方用捨（小普請）	(2)
足軽	235
坊主	(5)
足軽	(121)
下目付・長柄小頭 　中間小頭・使番内足軽 　目付内足軽・厩小頭 　武具役支配・勘定奉行手代 　吟味役支配足軽	(27)
町同心・山方同心 　郷同心・普請組支配	(82)
中間	79
合計	531

くなかった。その期間は勤番藩士が少なかったということである。とは言え、それでは国元の藩士が藩主に直接奉仕する機会がなくなってしまうため、一年や半年交代で勤番藩士が派遣された。藩主松平信明《のぶあきら》が老中を務めていた寛政《かんせい》年間には、者頭《ものがしら》一人が配下の足軽十数人を連れて勤番を務めたほか、藩主の身のまわりの世話をする近習《きんじゅう》も二、三人ずつ交代で江戸へ出てくることが恒例になった。第一章で紹介した近習の勤務マニュアルを書いた石川新九郎もその一人である。つまり、寛政年間に吉田藩の勤番藩士は三、四人、足軽を入れても十数人程度しかいなかった。

それ以外に、家老・中老《ちゅうろう》・勘定奉行《かんじょうぶぎょう》といった重臣が藩政について相談するために江戸へ出てくることもあった。

江戸勝手と吉田勝手

藩士は代々江戸や国元から生活拠点が変わらない家があれば、引っ越しを命じられる家もあった。生活拠点を置く場所を「勝手」と言い、江戸で生活する場合は「江戸勝手」、吉田で生活する場合は「吉田勝手」と呼んだ。

例えば吉田藩士大嶋家の場合、当初は江戸勝手であったが、延宝《えんぽう》八年（一六八〇）に川越《かわごえ》勝手になった。以後、松平伊豆守《いずのかみ》家の転封《てんぽう》に従って古河《こが》・吉田・浜松・吉田（一時新居《あらい》）と引っ越しを重ねた。寛政十二年（一八〇〇）に江戸勝手を命じられ、以後は明治の廃藩まで定府藩士であった。

定府藩士にとって、吉田勝手は左遷処分という意味を持つ場合もあった。例えば中小姓《ちゅうごしょう》の斎藤彦吉《さいとうひこきち》は、寛政九年に素行不良により知行一〇〇石《こく》のうち二〇石を召し上げられて広間中小姓へ降格となり、さらに吉田勝手を命じられて吉田での謹慎を申し渡された。

引っ越しを命じられた藩士は、単身赴任の勤番と違って生活拠点が移ることになるため、家族も引っ越すことになる。吉田と江戸の間には今切《いまぎれ》（新居）と箱根の関所があるため、女性が関所を通過するための女手形が必要になった。江戸から吉田へ行く場合は、幕府の留守居《るすい》に申請して女手形を発行してもらい、吉田から江戸へ行く場合は、指定された大名（三河《みかわ》の場合は岡崎藩主、刈谷《かりや》藩主、田原《たはら》藩主と度々交代した）へ発行を依頼した。

今切関所は元禄《げんろく》十五年（一七〇二）以降吉田藩が管理していたが、あくまで幕府の関所であり、吉田藩士の家族の女性といえども、女手形を所持していなければ通行することは許されなかった。

吉田藩の江戸家老

大名家の家臣団のうち、最高位の役職には「家老」が置かれることが多かった。複数人が合議輪番制により藩の政治・経済に関するさまざまな政策を決定した。通常は家臣団のなかでも石高が多く、古くから仕える重臣の家から任命されたが、有能な者が抜擢されて藩政改革に携わった例も見られる。また、一般的に領地にいる家老を「国家老」、江戸藩邸に常勤する家老を「江戸家老」と呼ぶ。

吉田藩の場合、家老は常時四、五人おり、そのうちの二人が江戸家老を務めた。国家老が約半年交代で江戸に詰める時期もあった。それまで家老を出したことがない家から抜擢された場合は、家老ではなく「年寄」と呼ばれたが、職務内容に違いはなかった。なお、先任の年寄がいる場合は、家老になれる家柄であっても年寄に就任し、先任者が退任したあとで家老に就任した。

吉田藩の藩政全般を統括する最高執政機関は「御用所《ごようしょ》」と呼ばれ、家老と中老で構成された。「御用所」は彼らの執務室の名称でもあり、江戸では上屋敷の御殿内に、吉田では吉田城の二の丸御殿内にあった。藩士へ個別に用件がある場合は、御用所へ呼び出して当番の家老が伝達した。

近年、藩政文書のアーカイブに関する研究が進んでいるが、吉田藩のそれについてはよくわかっていない。「江戸日記」には儀式や事件などに関するさまざまな書類を御用所にある「六番の箱」へ入れたという記述が散見される。一番から五番、あるいは七番以降の箱があったのかはわからないが、吉田藩にも文書を管理するシステムが存在していたことだけは確かである。

吉田藩の江戸家老 （●家老席　▲年寄　■家老通心得）

名前	就任年月日	退任年月日
遊佐平馬祝高	元禄11年（1698）	元文2年（1737）頃
関屋衛盛高広	元禄14年（1701） 宝永6年（1709）まで部屋付	享保11年（1726）頃
水野小一右衛門定之	享保12年（1727）	享保17年（1732）11月22日
海法小隼恒広	享保18年（1733）	延享2年（1745）
倉垣修理長尚	元文2年（1737）11月10日	宝暦2年（1752）6月25日
遊佐平馬高理 ●	元文5年（1740）	宝暦10年（1760）3月4日
水野小一右衛門影定	宝暦3年（1753）4月4日	安永9年（1780）9月晦日
岩上九助俊春 ▲	安永9年（1780）11月23日	寛政2年（1790）5月15日
長谷川源右衛門思誠 ▲	安永9年（1780）11月23日	寛政元年（1789）5月27日
水野小一右衛門光雄 ▲	寛政元年（1789）6月1日	寛政2年（1790）5月15日
岩上九助俊春 ■	寛政2年（1790）5月15日	寛政8年（1796）8月13日
水野小一右衛門光雄 ■	寛政2年（1790）5月15日	寛政8年（1796）10月14日
水野小一右衛門光雄	寛政8年（1796）10月14日	文政9年（1826）12月3日
関屋衛盛高雄	寛政8年（1796）10月15日	文化4年（1807）
関屋弥一左衛門高昌	文化4年（1807）	文政7年（1824）閏8月3日
勝田清左衛門政宝	文政7年（1824）9月18日	文政10年（1827）12月27日
水野小一右衛門定幹	文政9年（1826）12月3日	嘉永3年（1850）8月15日
関屋弥一左衛門高徳	文政11年（1828）7月	嘉永4年（1851）2月晦日
水野小一右衛門定成	嘉永3年（1850）10月9日	安政6年（1859）9月18日
大河内市郎右衛門清盈 ▲	嘉永4年（1851）6月2日	万延元年（1860）
勝田清左衛門政和 ▲	安政6年（1859）4月	文久2年（1862）8月5日
大河内市郎右衛門清盈	万延元年（1860）	文久2年（1862）閏8月10日
三上喜兵衛正直 ▲	文久2年（1862）7月6日	慶応2年（1866）11月
大河内市郎右衛門清錫 ▲	文久2年（1862）閏8月28日	慶応2年（1866）11月
三上喜兵衛正直	慶応2年（1866）11月	
大河内市郎右衛門清錫	慶応2年（1866）11月	

江戸家老　水野小一右衛門

吉田藩の歴代江戸家老を見ると、水野という名前が目立つ。ここでは、家臣団のトップとして江戸藩邸を長く取り仕切っていた水野家について紹介しよう。水野家の本姓は源《みなもと》で、本国は加賀《かが》国である。水野家の家紋といえば沢瀉《おもだか》が思い浮かぶが、同家の家紋は重ね井桁《いげた》である。歴代当主は小一右衛門《こいちえもん》を名乗った。江戸時代後期の石高は六〇〇石で、定府藩士のなかでは一二を争う高禄であった。墓所は主君である松平伊豆守家と同じ野火止《のびとめ》平林寺《へいりんじ》にあり、吉田藩家臣団のなかでも特別な存在であったことがわかる。

初代水野定昌《さだまさ》は、明暦《めいれき》元年（一六五五）に松平信綱《のぶつな》に仕官した。定昌はこの時十一歳の少年であり、小姓《こしょう》を務めていたと思われる。三〇歳で松平信輝《のぶてる》の小姓頭に出世し、松平信《のぶ》祝《とき》の藩主就任後間もなく中老まで進んだ。

二代水野定之《さだゆき》は、享保《きょうほう》十二年（一七二七）に江戸家老に就任し、同十七年に亡くなった。定之の弟光中《みつなか》は吉田藩重臣の北原家を相続し、同十一年に家老に就任した。もう一人の弟恒広《つねひろ》は新参の吉田藩士海法《かいほう》家を相続し、同十一年に新設された大奉行《おおぶぎょう》に抜擢された。大奉行とは藩政全般に関与した臨時職で、藩主信祝が進める藩政改革を担う重要ポストであった。さらに同十八年には江戸家老に就任した。つまり、水野家出身の兄弟三人が家老を務めたことになる。海法恒広が新参の家でありながら家老に就任できたのは、本人の才覚も然《さ》ることながら、水野家の出身であるという血筋が大きなポイントであった。

三代水野影定《かげさだ》は吉田藩家老岩上明俊《いわがみあきとし》の三男で、定之の養子に入って十二歳で水野家を相続した。宝暦《ほうれき》三年（一七五三）から二八年間にわたり江戸家老を務めた。その間には相次いで藩主が病死したため、幼少の藩主松平信明が一人前になるまで吉田藩を支えた。また、次男と三男を分家させた。

四代水野光雄《みつお》は寛政元年（一七八九）に年寄に就任し、同八年に江戸家老に転じた。文《ぶん》政《せい》九年（一八二六）に八二歳で隠居するまで、三八年間にわたり江戸の家臣団のトップを務めた。藩主信明が幕府の老中首座を務めた時期に藩政を補佐した。

文政三年一月、光雄は藩主松平信順《のぶより》の甥《おい》時之助《ときのすけ》を内々に引き取り、水野家の子として養育した。時之助は前年十二月に女中の八重《やえ》が産んだ子で、父は信順の弟信寛《のぶひろ》であるが、松平伊豆守家の系図には一切記されていない。信寛は幼少期に水野家で育てられ、同四年に黒石《くろいし》藩主津軽親足《つがるちかたり》の養子に入って邦足《くにたり》と改名し、後に本家である弘前《ひろさき》藩主を継いで順承《ゆきつぐ》と改名した。しかし、津軽家に対して実子である時之助の存在は伏せられたままであった。

弘前藩主のご落胤《らくいん》水野時之助は、吉田で水野家の分家として取り立てられた。慶応《けいおう》三年

（一八六七）頃の吉田藩分限帳に「国益掛馬廻格　十人扶持　水野時助《ときすけ》」とあり、これが時之助のことである。明治維新後には時三郎と改名したが、その後の足取りはつかめていない。

五代水野定幹《さだもと》は、光雄と共に江戸家老を務めた関屋高昌《せきやたかまさ》の次男で、光雄の養子に入った。文政九年に光雄の隠居と同時に江戸家老に就任し、嘉永《かえい》三年（一八五〇）に亡くなるまで務めた。この時期は藩主の早世が相次いだため信綱の血筋が途絶え、藩主幽閉の噂《うわさ》がたち、家臣の間で不穏な空気が流れるなど、吉田藩にとっては危機的な時代であった。

六代水野定成《さだなり》は旗本大河内久徴《ひさあきら》の三男で、定幹の養子に入った。旗本の大河内家は松平伊豆守家の本家筋にあたる家である。定幹没後に江戸家老に就任し、安政《あんせい》六年（一八五九）に没した。なお、水野家の法名には院号を付けないのが通例であったが、定成は大河内氏の出身であることを理由に院号が付けられた。

七代水野定省《さだみ》は定成の三男として生まれた。はじめは分家の養子に入ったが、長兄の定《さだ》依《え》が十八歳で早世し、次兄の清錫《きよすず》は吉田藩江戸家老大河内清盈《きよみつ》の養子に入っていたため、水野本家を相続した。慶応二年（一八六六）に二九歳で中老に就任したが、若年であったため家老に昇進することなく明治を迎えた。なお、兄の大河内清錫は最後の江戸家老である。

留守居と国元

江戸における各藩の役職のなかで、特に重要なポストが「留守居」であった。留守居は江戸城に登城して幕府との折衝や上書《じょうしょ》の提出を担当し、他藩の留守居と交流して情報交換をおこなうなど、外交官のような役割を果たしていた。そのため有能な人材でなければ務まらない役職であった。

しかし留守居同士で組合を結成し、遊郭や高級料亭で幕府高官の接待や諸藩間の情報交換を目的とした寄合をおこなっては公金を浪費するなど、贅沢な振る舞いが目に余り、自らを「制外」の職であると考えて各藩の法度にも従わない有様であった。そのため幕府により押さえ込むための触書が度々出されている。とかく負のイメージを持たれやすい留守居ではあるが、各藩にとっては幕府や他藩との関係を円滑にし、情報を収集するために必要不可欠な存在であった。

国元の家臣にとっても、留守居はなくてはならない存在であった。吉田藩領は三河国・遠江国《とおとうみ》・近江国《おうみ》に分布しており、他領と接している村が多かった。同じ藩領内の係争であれば藩当局のみで対処できるが、他領との間で訴訟になれば幕府が裁くことになり、当事者が江戸へ呼び出された。訴訟でなくとも、他領が関係する問題が発生すれば、江戸の留守居が窓口となって問題解決に向けて動いた。

なお、藩主が幕府老中を務めている間は、後述のとおり藩士たちのなかから老中を支える役職が構成されるため留守居はなくなり、広間頭取や書翰《しょかん》役がその役割を担った。

「江戸日記」には国元と幕府や他領が関係した事件・案件がいくつも記載されている。そのなかから三例紹介しよう。

殺人を防げなかった罪

安永三年（一七七四）一月二三日、遠江国城東《きとう》郡加茂《かも》村（静岡県菊川《きくがわ》市）の通妙《つうみょう》という僧侶のもとを同国佐野《さや》郡満水《たまり》村（静岡県掛川《かけがわ》市）の百姓惣七《そうしち》が訪れた。加茂村は吉田藩領、満水村は横須賀《よこすか》藩領である。二人は連れ立って加茂村の酒屋松兵衛《まつべえ》方へ行き酒を飲んだ。そこへ同村の清之助《せいのすけ》もやってきて同席した。次第に酔いがまわると、通妙と惣七は言い争いを始めた。しばらくして松兵衛は裏の普請場の様子を見に、清之助はトイレのために席を立った。二人きりになったところで、惣七は持っていた脇差を抜いて通妙に斬りかかった。首筋を斬られた通妙は即死し、惣七はその場で取り押さえられた。知らせを受けた吉田藩と横須賀藩双方の役人が立ち会って取り調べをおこない、酒狂と判断された惣七の身柄は横須賀藩の役人が引き取った。

事件は江戸藩邸にも報告され、異なる藩領の領民が関係するため、吉田・横須賀両藩の留守居が相談し、二月十五日に老中板倉勝清《かつきよ》邸へ出向いて報告書を提出した。

翌日夕方、寺社奉行土岐定経《ときさだつね》邸へ双方の留守居が呼び出され、関係者の尋問をおこなうことが伝えられた。吉田藩は通妙の弟子一人・松兵衛・清之助の三人を江戸へ連れてくることになった。道中の付き添いは代官一人・足軽三人・村役人二人で、関係者に囚人の印である腰縄を付ける必要はないとされた。一方、犯人の惣七は縄をかけた目籠《めかご》（唐丸籠《とうまるかご》）に入れ、横須賀藩の役人が護送することになった。道中には箱根関所があるが、双方とも藩役人が口頭で理由を述べて通行すれば良いと伝えられた。

双方の留守居は、呼び出された関係者が同時に江戸へ着くようにすること、江戸滞在中の宿泊先、寺社奉行邸への差し出し手順などを示し合わせ、それぞれの国元へ連絡した。

同三〇日、松兵衛と清之助が江戸へ到着した。通妙には弟子も下男もいなかったため、吉田藩から寺社奉行へ差し出すのは二人だけとなった。なお、惣七は判決が下る前に病死しているが、どの段階で亡くなったのかは「江戸日記」には記されていない。

寺社奉行邸で判決が下されたのは六月二日であった。土岐定経が出座し、吉田・横須賀両藩の留守居が控え、御白洲《おしらす》に松兵衛・清之助と満水村の者が座った。松兵衛と清之助に対しては、不注意があったとして「急度叱《きっとしかり》」が言い渡された。これは口頭で厳重注意されるだけであるが、名誉を重んじる当時の人々にとっては効果があったらしい。満水村の者へは、惣七は本来であれば「下手人《げしゅにん》（死刑の一種）」を申し付けるところであるが、すでに病死したことが伝えられた。

国元へ返された松兵衛と清之助は、六月十三日に吉田の代官町会所へ呼び出された。吉田藩の町郡奉行《ちょうぐんぶぎょう》たちは、二人が通妙と惣七が酒に酔って言い争いをしている最中にもかかわらず席を外し、事件が起きてもすぐに駆けつけなかったのは不届きであると判断し、厳しい処罰を与えるべきであるが、幕府の裁許も済んだことであるので罪を軽くするとして、二人に七日間の「押込《おしこめ》」を申し渡した。一度幕府から処罰を受けた事柄について、藩がさらに処罰を与えるという二重処罰がおこなわれていたのである。

吉田城に忍び込んだ盗賊

寛政五年（一七九三）七月二〇日、西丸下《にしのまるした》の吉田藩上屋敷を旗本米津小太夫《よねきつこだゆう》の使者が訪れた。用件は、米津家の知行所である三河国宝飯《ほい》郡牛久保《うしくぼ》村（愛知県豊川市）の百姓佐七《さしち》が、吉田藩側に捕らえられ、去る十五日に身柄を米津側へ引き渡されたという報告であった。二二日には、吉田の町郡奉行と目付から詳細な報告書が届いた。

同年春頃、吉田城内の藩士屋敷では盗難事件が相次いでいた。犯人の捜索には、徒目《かちめ》付《つけ》・下目付《しもめつけ》や町同心のほかに「青木の者」と呼ばれる人々が従事した。彼らは権蔵《ごんぞう》を頭とする一〇人余りの集団で、吉田町を中心に藩領内で活動し、不法者の取り締まり、犯罪者の捕縛、事件の捜査、見廻りなどを任務とした。このような町や村の治安を守る役目を担った番人の多くは被差別身分であり、一般的には「番太《ばんた》」と呼ばれた。

青木の者が捜査を進めると、牛久保村に住む佐七という人物が怪しいということになった。そこで権蔵自ら乗り込んで牛久保村の番太と交渉し、佐七を吉田城下へ連行して尋問をおこなった。犯人が領主権力の及ばない他領へ逃げ込んでしまうと公に捕縛することができないため、こうして双方の番太が交渉して解決に導いたのである。

尋問の結果、佐七は吉田藩領二連木《にれんぎ》村で蔵番を務めていた者の息子であり、五年前に家出して人別帳から削除されていたことがわかった。その後は吉良《きら》から新城《しんしろ》あたりまで三河国内を渡り歩き、二年前に牛久保村で家を買って住みついた。しかし、今年七月の台風で家が潰れたため、現在は村内で借家住まいをしていた。

吉田藩側では、家を所有していたこと、村の行事の際に村人と同座していたことを理由に、佐七が牛久保村の住民であると判断した。下目付と町同心が村へ出向いて米津家の役人に経緯を報告し、七月十五日に権蔵から牛久保村の番太へ佐七の身柄を引き渡した。

吉田の役人たちは、藩士屋敷から盗まれた品物について、取り調べが終わってから受け取るのがよいか、佐七が白状したのであれば取り調べ中であっても受け取ってもよいのか、江戸藩邸にアドバイスを求めた。というのも、米津家は小さな領主であるから処罰は幕府へお伺いをたてるだろうと考えていたが、他領の者が盗んだ品物の返還手順を知らなかったので、幕府の事例を数多く把握している江戸藩邸の役人に問い合わせたのである。

吉田からの報告書を受け取った江戸藩邸では、書翰役の穂積喜左衛門《はづみきざえもん》が返事を書いた。当時の藩主信明は幕府老中であったため、穂積が留守居の役割を担っていた。穂積からのアドバイスは、小さな領主である米津家が自分で処罰を下せるとは思えず、幕府の寺社奉行の取り扱い案件になるので、たとえ米津家側から渡されたとしても受け取ってはならず、奉行所での取り調べが済んだあとで返還されると心得るように、というものであった。

その後、この事件が「江戸日記」で触れられることはなかった。犯人の処罰は小さな（？）米津領の問題であって吉田藩の江戸藩邸がこれ以上関与する必要がなかったこと、藩士屋敷からの盗難品の返還もこじれなかったことなどが理由であろう。

クスノキかケヤキか

東海道の要衝である新居関所（今切関所）は、徳川家康が設置した幕府の関所であるが、元禄十五年（一七〇二）以降は吉田藩が管理を任された。ただし、関所の修復工事費用は幕府が負担し、工事請負人も選定した。吉田藩では普請奉行や新居詰めの役人が工事を監督し、完了後は遠江や三河の幕府領を管轄していた中泉《なかいずみ》代官が出来栄えを確認した。

寛政五年（一七九三）九月一日、書翰役の穂積喜左衛門は、幕府勘定奉行佐橋長門守《さはせながとのかみ》から新居関所の修復に関する書付を受け取った。中泉代官の辻甚太郎《つじじんたろう》が関所の破損状況を検分して費用を見積もった結果、請負金四一一両三分で修復せよとのことであった。修復する建物は面番所《めんばんしょ》・書院・勝手向き・高札場《こうさつば》・土蔵・船頭会所・女改め長屋・大御門《おおごもん》・裏門など広範囲に及んだ。請負金は後日江戸城内の蓮池《はすいけ》金蔵から吉田藩へ渡された。工事請負人は中泉代官が指名した浜松大工町の大工頭杉浦伝右衛門《すぎうらでんえもん》に決まった。

関所の修復工事は一〇月二二日から始まったが、問題点が判明した。工事の期限は十二月二五日であったが、極寒の時期に漆喰《しっくい》を塗ると劣化しやすいのだ。そのため、長持ちさせるために漆喰塗りを来春に延期することになった。

より大きな問題になったのが大御門の本柱である。幕府の仕様書では本柱は長さ一丈三尺三寸（約四メートル）のクスノキを使うこととしていたが、品切れで手に入らなかった。そのため、請負人の伝右衛門はケヤキに変更することを提案した。吉田藩は広間頭取の遊佐東馬《ゆさとうま》を通じて幕府へ材木の変更を申し入れたが、ケヤキの方が高値なため請負金が増えることを懸念し、請負人に不審な様子があるとして拒絶された。遊佐は「国元から値段の増減の話は聞いていないので請負金が増える心配はない」と返答したが、引き続きクスノキを探すことになった。

十一月末にようやくクスノキが手に入ったが、中が朽ちており、長さも足りなかった。吉田藩は幕府の意向に沿って伝右衛門に引き続きクスノキを用意するように迫ったが、ないものはない。工事も遅延したまま捨て置くことはできず、十二月十四日には遊佐が再度幕府へケヤキへの変更を頼み込んだ。しかし、幕府からの返答は「工期が延びても構わないからクスノキを使え」というものであった。

伝右衛門は尾張《おわり》・伊勢《いせ》・志摩《しま》まで伐採済みのクスノキを探しまわったがどこにもなく、所々の材木屋から「クスノキはありません」という証文までもらい、年が明けてから吉田藩へ三度目の材木変更を願い出た。しかし、すでに二度幕府に断られている件をもう一度願い出ることは憚《はばか》られたため、翌年二月一〇日に遊佐から幕府へ「新規にクスノキを伐採してもすぐには建材として使えず、水抜きに一五〇日以上要するため、工期がさらに大幅に延びることになるが、それでもよろしいでしょうか？」と提案した。幕府からの返答は「それではあまりに遅いので、ケヤキに替えてもよい」というものであった。三度目の正直、ついに幕府が折れたのである。

　四月十五日、予定より大幅に遅れて新居関所修復の全工程が完了し、中泉代官の辻甚太郎が出来栄えを確認した。このように、新居関所の工事は江戸では幕府の勘定方と吉田藩の留守居（広間頭取・書翰役）、国元では幕府の中泉代官と吉田藩の新居詰め役人というように、二重の関係で進められていった。

　新居関所の大御門は明治になって関所が廃止された後に取り壊されたが、二〇一五年にもとあった場所に復元され

復元された新居関所の大御門

た。江戸時代には明け六つ（午前六時頃）から暮れ六つ（午後六時頃）まで開門していたが、現在は国道三〇一号の歩道上に位置しているため常時開放されて通ることができる。ちなみに、現在の本柱にはケヤキではなくクスノキが使われている。

老中を支える藩士

譜代大名である松平伊豆守家からは、信綱・信祝・信明・信順という四人の老中が輩出した。幕政の中枢を担う老中の職務内容は、全国の大名支配、幕府領や街道の管理、朝廷・寺社・異国に関することなど多岐にわたる。執務場所も江戸城内の御殿、評定所、江戸藩邸（老中役宅）に分かれていた。特に大名家の相続・御目見・結婚、城の管理や領地経営に関する事柄などは江戸藩邸が窓口であった。

つまり、幕府の職制図に載っている大目付・勘定奉行・町奉行・遠国《おんごく》奉行といった老中が統括する幕府役人だけでなく、老中を支える藩士たちの存在が欠かせなかった。松平信明は老中に就任する際、藩士たちに対して「御役家《おやくけ》の儀は諸家の鏡にも相成る」という訓示を出した。松平伊豆守家は老中を務める家であるから、他藩の模範にならねばならないという意味である。まさしく、老中とは藩主個人が務めるものではなく、「家」として務める役であった。天保《てんぽう》十二年（一八四二）に松代《まつしろ》藩主真田幸貫《さなだゆきつら》が老中に就任した際の執務体制整備について研究した大友一雄氏は、藩主就任にともない設置された役人を「公用方役人」と総称している。

公用方役人の設置は老中に限ったことではなく、側用人《そばようにん》就任時などでも見られる。天明《てんめい》八年（一七八八）二月二日、吉田藩主松平信明が側用人に就任すると、その日のうちに公用方役人の辞令が下った。役職名と人数、職務内容については次のとおりである。

公用人（三人）――用人《ようにん》と兼任、元留守居。藩主側近として公用に従事。
広間頭取（四人）――奏者番《そうじゃばん》と兼任、元留守居。藩邸来訪者への対応。
書翰役（二人）――元使番《つかいばん》など。公用書翰の取り扱い。
部屋番（四人）――近習目付と兼任。江戸城本丸御殿内にある御用部屋で勤務。
取次（一〇人）――馬廻と兼任。広間頭取の配下。
公用方右筆《ゆうひつ》（五人）―奉書など公用書翰の代筆。
公用方認物《したためもの》（二人）―公用文書・記録の筆記。

同年四月四日に信明が老中に昇進した際には、公用人の次に案詞《あんし》奉行（三人、加役《かやく》二人）が置かれ、公用文書・記録の作成や管理を担当した。臨時職である公用方役人は、通常の役職と兼任している場合が多いが、相互の職務内容の関連性が高く、円滑に始動できる人事がおこなわれた。

　こうした「公用方役人」の設置は他藩でも共通しており、速やかに執務体制を整えるために情報が共有されていた。松代藩真田家の事例では、師範役になった先輩老中水野忠邦《ただくに》の公用方役人の仕組みをそのまま取り入れ、役職ごとに水野家側から執務情報を伝達されていた。老中の職務というと就任した大名個人の仕事と思われがちだが、それを支える江戸藩邸の老中執務体制が機能していた点にも注目しなければならない。

江戸城本丸御殿見学ツアー

　少し話がそれるが、三河国渥美《あつみ》郡に旗本中島与五郎《なかじまよごろう》が治める大崎村（愛知県豊橋市）という村があった。西は三河湾に面し、ほかの三方は吉田藩領にぐるりと囲まれていた。天保九年（一八三八）、村にある八幡社の神主辻村正朋《つじむらまさとも》は、徳川将軍が社領を安堵するために発給した領知朱印状を更新してもらうために江戸へ出てきた。なお、辻村は吉田藩士杉山家の出身で、代々大崎八幡社の神主を務める辻村家へ養子に入ったため、吉田藩士や吉田藩領内の文化人たちとも交流があった。

江戸には辻村の従姉《いとこ》の子である渋垂東助《しぶたるとうすけ》という青年武士がいた。渋垂は当時幕府の大番頭《おおばんがしら》を務めていた旗本菅沼定志《すがぬまさだゆき》（三河新城領主）の家臣で、若年ながら公用人に抜擢された。辻村は、折角江戸に出てきたのだからと渋垂に誘われ、江戸城に入れてもらうことになった。この時の様子を辻村が詳細に記録しているので紹介しよう。

天保九年五月十四日の早朝、小雨が降るなかで辻村は菅沼邸を訪問した。この日は殿様である菅沼定志の登城日であり、公用人の渋垂は公用方右筆二人と共に、殿様に先んじて五つ時（午前八時頃）に江戸城本丸御殿内にある大番頭の下部屋へ出勤することになっていた。辻村は羽織袴を着て菅沼家の家臣になりすまし、渋垂たちに紛れて江戸城へ潜入した。

本丸内に入ると御殿の玄関前を右へ進み、中之口門を通った。奥へ続く長い庭の右手前にある狭い道を抜けると、またまた奥へ続く細い庭があった。その右側の建物には大きな縁側があり、さまざまな役職の下部屋が一〇部屋ほど並んでいた。各部屋の入り口の柱には役職名が書かれた札が貼ってあり、そのなかに大番頭の下部屋もあった。

大番頭の下部屋の広さはわずか八畳ほどで、土間が少しあった。殿様が休憩する際は詰所から下部屋へやってきて、弁当を食べたり、公用方役人へ指示を出したりした。部屋は二階建てで、上は殿様の休憩室、下は公用方役人が文書を作成する役所になっていた。さらに縁の下を深く掘り、召使の控え場所としていた。どの下部屋もこのような三重構造になっており、どことなくわやわやとして賑やかであった。

この日は一橋《ひとつばし》家六代目当主の一橋慶昌《よしまさ》の逝去が公表されたため、老中の退出は定刻の八つ（午後二時頃）を過ぎた。辻村にとっての本番はこのあとである。老中退出後に、茶坊主に本丸御殿を案内してもらう約束をしていたのだ。庶民にとっては大名屋敷以上にベールに包まれた最高機密の空間、江戸城本丸御殿の見学ツアーである。

ツアー参加者は辻村と渋垂のほかに二、三人いた。案内は蘇鉄《そてつ》の間《ま》から始まり、松の間、庭の向かいにある能舞台、大広間の上段・中段・下段、松の廊下、御三家・加賀前田家の席、桜の間、白書院、帝鑑《ていかん》の間と順番にまわった。それより北の奥には、西丸御殿炎上の影響により、大御所家斉《いえなり》と将軍世子家祥《いえさち》（後の家定《いえさだ》）が滞在していたため、菊の間、芙蓉《ふよう》の間、雁《かり》の間は見学できなかった。帝鑑の間のあとは東へまわり、廊下、柳の間を見学してもとの蘇鉄の間へ戻ったところで終了し、下部屋へ引き上げた。

このツアーが組まれた背景には、大名や旗本の家臣が公用方役人として働く上で、本丸御殿内のことを知っておく必要があるという理由があった。吉田藩の公用方役人もこのようなツアーに参加したことだろう。もちろん茶坊主はボランティアでやっているわけでは

江戸城本丸御殿表向間取り図（部分）

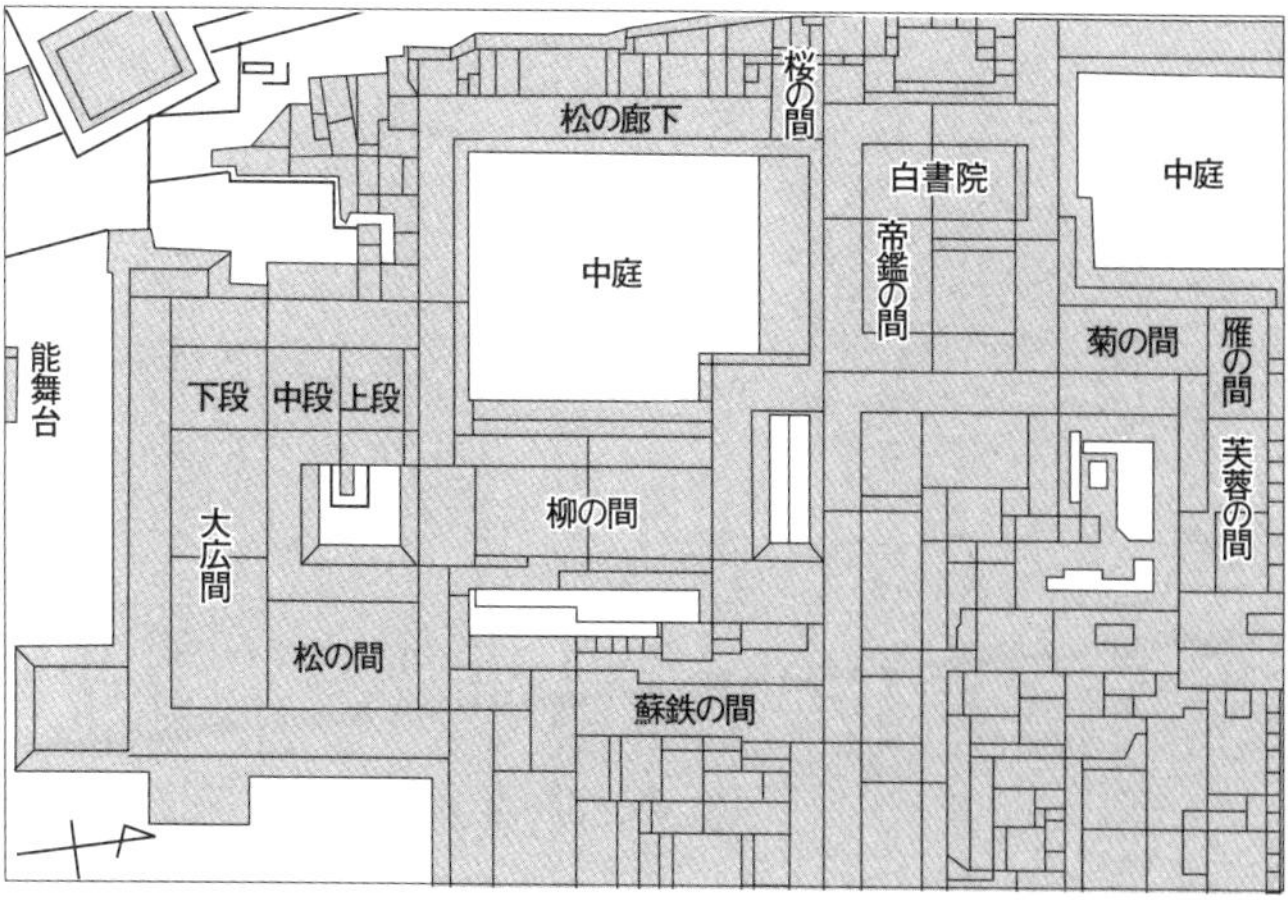

なく、辻村の入用記録には茶坊主へ謝礼として金一分（約二万四〇〇〇円）を渡したことが記されている。参加者が四人いれば金一両になり、茶坊主たちにとっては良い小遣い稼ぎであったに違いない。

　辻村は他の神職二人と一緒に江戸へ出てきていたのだが、江戸城を見学できたのはコネクションを持つ辻村一人だけであった。この日のことは「良い縁故があって自分だけ御殿を拝見することができた。老後の思い出となり有難いことである」と綴《つづ》っている。

　江戸城内部の下部屋の様子などは、普段から出入りしている者にとってはありふれた日常であったが、田舎から出てきた辻村にとっては見るものすべてが新鮮で、思わず記録に留めたくなったのであろう。江戸の様子を活き活きと伝えている勤番武士の日記がそうであるように、他者の視点を通じて客観的に描写された日常の風景は実に面白い。

長屋暮らしの武士

ここからは、江戸藩邸で暮らす吉田藩士に焦点を当てていこう。

定府の吉田藩士は、主に上屋敷・谷中《やなか》下屋敷・北新堀《きたしんぼり》下屋敷の三屋敷にある長屋を与えられた。長屋の間数《けんすう》（間口）は役職ごとに設定されており、寛政十一年（一七九九）十二月に示された基準によれば、家老であれば二階家を八～一〇間、小役人格や徒格では二階家一間半もしくは平屋二間を与えられた。ただし、石高や家族の人数により変わることがあった。中級藩士までは長屋を「下される」が、小役人格以下の下級藩士には長屋を「お貸しなさる」という表現の違いもあった。

長屋に住むにあたっての注意事項として、次のようなものが通達されていた。

一、本柱ならびに梁《はり》へキズを付けてはならない。炬燵《こたつ》を設置する際は大引《おおびき》（床を支える部材）に支障がないようにすること。本柱の近くでは水を使用しないこと。

但し、表長屋の者は天井を張る際に肱木《ひじき》を切ってはならない。
一、火事の知らせがあった際は、むやみに屋根へ上ってはならない。庇《ひさし》へ薪を上げてはならない。干物などもしてはならない。
但し、物干しを付けるのは勝手次第とする。

そのほか、長屋に入居する際には附属の品を記録しておくこと、小規模な修繕は各自で負担することなどが決められていた。柱が朽ちるなどして大規模な修繕が必要な場合は、あらかじめ普請奉行へ説明した上で修復願書を御用所へ提出した。
長屋で暮らす藩士たちは、どのような家財道具を所持していたのか。通常は記録が残りにくいものだが、藩士が脱藩すると徒目付が長屋内を調べて家財道具を書き上げ、目付へ報告していたため

役職ごとの長屋間数 （1間＝約1.8m）

役職	二階家	平家
家老	8～10間	
中老	7間	
小姓頭・用人	5間	8間
奏者番	5間	7間
者頭	4間	6間
使番・目付	3間半	5間
馬廻・近習目付・大納戸・小納戸・吟味役	2間	2間半～3間
医師・徒頭	2間	3間
小役人格・徒格	1間半	2間

知ることができる。

宝暦九年（一七五九）九月二〇日朝、中小姓の新藤市右衛門《しんどういちえもん》は妻と下男を連れて谷中下屋敷を出て、そのまま戻ることはなかった。後日、徒目付が報告した新藤の家財道具は次のとおりである。

古簞笥《ふるだんす》　古箱　米櫃《こめびつ》　薪箱　古葛籠《ふるつづら》　傘二本　行灯《あんどん》　小桶　飯つぎ　棕櫚箒《しゅろほうき》　手桶
茶簞笥　水溜　膳椀《ぜんわん》二人前　流し　多葉粉盆《たばこぼん》　鍋　瀬戸物ちろり　箱挑灯《はこちょうちん》
多葉粉切台　たらい大小　鳶口《とびぐち》　鉢二つ　火打箱　銚子　皿箱（皿四枚入）　盃台
摺鉢　小箱　持仏道具九色《しき》　細五徳　長火鉢　二枚折小屛風　炭取　へっつい（竈《かまど》）
縁頬《えんがわ》庇三間半　附床　湯殿　雪隠　上り段　土蔵　襖《ふすま》四本　小襖　葭天井《よしてんじょう》三坪
畳十二畳　板天井二坪半　戸四本　障子四本　敷居鴨居七口

新藤に与えられていた長屋は平屋三間で、吉田藩の定府藩士の住居としては平均的な広さである。残された家財道具からは、使い古された調度品や掃除道具、二人分の食器など、一組の夫婦の質素な生活が感じられる。「脱藩」という非日常を通じて、一般的な長屋暮らしの武士の日常生活がイメージされるというのは皮肉なものである。

　吉田藩の江戸藩邸は複数あるため、住んでいる藩邸から別の藩邸へ出勤する場合があった。また非番の日などには、何かと誘惑の多い江戸の街中へ出かけることもあった。江戸藩邸内の者が外へ出る際には、門番に門札という木札を提示しなければならなかった。ただし、藩の要職者である役人以上のほか、目付系の役職、馬を扱う役職などは門札なしで通行することができた。門札を紛失した場合、士分は銀一枚（四三匁《もんめ》。約六万九〇〇〇円）、足軽は銭一貫文《かんもん》（約二万四〇〇〇円）、中間は銭五〇〇文（約一万二〇〇〇円）の罰金が科せられた。

吉田藩士の婚姻

　現在の日本国において、婚姻は「両性の合意のみに基づいて成立」すると規定されている。しかし、第二次世界大戦までの戸主を家長とする家制度のもとでは、婚姻は家同士のつながりという性格が強く、家長の合意を必要とした。「家」とは、家名（名前）・家産（財産）・家業（職能）の三要素で構成され、それらを世代を超えて継承していくという組織体である。婚姻とは、家を永続させるための根幹にほかならなかった。

身分制社会の江戸時代においては、身分を超えた婚姻には制限がかけられていた。例えば、大名であれば同じ大名または公家の娘を正室に迎えることがほとんどであった。武士が百姓の娘と婚姻することも難しかった。

大名家臣団の婚姻に関する研究としては、磯田道史氏による岡山藩および支藩鴨方《かもがた》藩の藩士の通婚行動に関する詳細な分析がある。それによれば、双方の家格や禄高の差が少ない同類婚が多いこと、一般的には藩内婚が主流であるが、近隣諸藩との通婚もおこなわれていたこと、徒《かち》などの下級武士には百姓との通婚も見られることなどが明らかにされた。

ここでは「江戸日記」に記録された吉田藩士の婚姻願を分析し、譜代大名家臣団の通婚行動を解明したい。「江戸日記」が残る五九年半で、家に妻を迎える場合（入婚）は九二二件、家の女子を嫁がせる場合（出婚）は七四四件の事例が確認できた。ただし、婿養子《むこようし》はこれに含んでいない。なお、藩内婚の場合は双方が婚姻願を提出するため、一組の婚姻で入婚・出婚一件ずつとなる。また、藩内婚以外の場合は、相手方の素性を記した添書を婚姻願と一緒に提出した。

具体例として、宝暦八年（一七五八）一〇月九日に家老水野小一右衛門が後妻を迎えた際の「江戸日記」の記述を次に挙げる。

一、小一右衛門相願い候《そうろう》は、御書院番井沢播磨守《はりまのかみ》様御組江原孫三郎《えはらまごさぶろう》伯母、私妻に再縁談取組申したき段、願書御中老三上喜兵衛《みかみきへえ》を以ってこれを出し、御聴に達し候所、願いの通り仰せ付けられ、その段御用所において菅八郎《かんぱちろう》これを申し渡す

（添書）

御進物番　　　御書院番

高千七百石　　江原孫三郎

右の通りに御座候、以上

十月七日　　　水野小一右衛門

水野は旗本江原孫三郎の伯母を後妻に迎えたいという願書と、江原の役職・石高を記した添書を中老三上喜兵衛へ提出した。三上から藩主松平信復《のぶなお》へ上申して裁可が下りると、御用所で家老倉垣《くらがき》菅八郎から水野へ婚姻を許可する旨が伝達された。願書の提出先は、役人以上であれば家老、それ以下は小姓頭や目付などの各支配役人とされた。伝達方法も、役人以上は御用所で本人へ、それ以下は御用所で支配役人へ伝えるというように、役職・

格式によって差があった。

吉田藩士の婚姻の表を見ると、国元と江戸では通婚行動の傾向に明確な違いがあったことがわかる。

国元では入婚・出婚ともに藩内婚が約七割を占める。他藩士との婚姻は合わせて一五八件ある。五件以上の藩を列挙すると、三河田原藩四一件、三河岡崎藩三八件、遠江浜松藩十三件、三河刈谷藩一〇件、三河挙母《ころも》藩九件、尾張名古屋藩七件、遠江掛川藩・信濃《しなの》飯田藩五件となり、この八藩だけで八割以上を占めていた。旗本家来は四九件のうち二五件を三河新城領主菅沼家の家臣が占め、残りも三河・遠江に所領を持つ旗本の家臣ばかりであった。

武士以外との婚姻を見ると、寺社は東三河と西遠江の神主家、医師も同様に東三河と西遠江の町医・在医がほとんどであり、この範囲が通婚圏であったと考えられる。百姓との婚姻は七件あるが、吉田藩では藩士が領内の百姓と婚姻することを禁止していたため、すべて他領の百姓である。

一方の江戸では、藩内婚は三割に満たず、六割半は藩外の武家との婚姻であった。件数が多い相手は大河内松平家（上野《こうずけ》高崎藩）二〇件、酒井家（播磨《はりま》姫路藩）十五件、井上家

吉田藩士の婚姻

相手方身分	入婚				出婚			
	国元		江戸		国元		江戸	
	件数	割合	件数	割合	件数	割合	件数	割合
藩内	277	62.7%	113	23.5%	284	68.3%	104	31.7%
藩内(足軽等)	13	2.9%	4	0.8%	12	2.9%	3	0.9%
他藩士	94	21.3%	217	45.2%	64	15.4%	181	55.2%
旗本・御家人	2	0.5%	43	9.0%	0	0.0%	20	6.1%
旗本家来	24	5.4%	49	10.2%	25	6.0%	14	4.3%
寺社	10	2.3%	2	0.4%	13	3.1%	3	0.9%
医師	20	4.5%	5	1.0%	12	2.9%	0	0.0%
郷士・浪人	0	0.0%	7	1.5%	1	0.2%	0	0.0%
百姓・町人	2	0.5%	40	8.3%	5	1.2%	3	0.9%
合計	442		480		416		328	

（遠江浜松藩）・秋元家（武蔵《むさし》川越藩→出羽《でわ》山形藩）十二件などである。これらの家は以前から松平伊豆守家と縁戚関係にあった家である。しかし国元のように相手が特定の藩に偏るということはなく、大藩の家臣から幕府の与力・同心まで、実にバラエティーに富んでいる。

国元と吉田の藩士の数はほぼ同じであるにもかかわらず、江戸で藩外婚が多い理由としては、江戸は武家人口の分母が大きく、婚姻相手の選択肢の幅が広いことが挙げられる。江戸藩邸の近所の武家屋敷や藩主家の縁戚の家来など、他家の武士と交流する機会も多かった。しかし、国元では田原や岡崎といった近隣城下町であっても物理的な距離があり、藩内で婚姻相手を探すのが最も合理的であった。

また、江戸では百姓・町人からの入婚が四〇件あった。この場合の添書には、相手方が自分や妻の縁戚であると書かれていることが多い。百姓・町人と婚姻する吉田藩士の多くは小役人格・徒格という下級藩士である。江戸近郊の百姓身分だった者が足軽を経て藩士に取り立てられたケースであれば、もともと百姓・町人と縁戚関係にあり、縁故をたどって妻を迎えていた。対照的に出婚はわずか三件で、武士から百姓・町人に嫁ぐケースは少なかった。

今回は家格や禄高の差について詳細な検討はしていないが、同類婚のケースが多いことは間違いない。全体的な通婚行動の傾向は磯田氏の指摘どおりであるが、定府藩士の婚姻が国元のそれとは異なる傾向を示していたことは特記しておきたい。

吉田藩士と養子縁組

婚姻を結んでも、跡継ぎが生まれなければ家を存続させることができない。五〇歳以上で跡継ぎの男子がいない吉田藩士は、養子をとらなければならなかった。また、五〇歳以下であっても病気の場合は養子縁組が許可された。

「江戸日記」に記載された婿養子を含む男子の養子縁組の事例は、養子を迎える場合（入養子）が三八九件、養子に出す場合（出養子）が三三七件確認できた。なお、これには弟や孫などの同姓養子は含まず、藩内であれば双方から養子願を出した場合（異姓養子）に

吉田藩士の養子

相手方身分	入養子				出養子			
	国元		江戸		国元		江戸	
	件数	割合	件数	割合	件数	割合	件数	割合
藩内	112	64.0%	109	50.9%	131	66.8%	91	64.5%
藩内(足軽等)	20	11.4%	15	7.0%	3	1.5%	0	0.0%
他藩士	21	12.0%	39	18.2%	40	20.4%	42	29.8%
旗本・御家人	2	1.1%	9	4.2%	3	1.5%	1	0.7%
旗本家来	8	4.6%	14	6.5%	12	6.1%	5	3.5%
寺社	4	2.3%	2	0.9%	5	2.6%	0	0.0%
医師	5	2.9%	8	3.7%	1	0.5%	1	0.7%
郷士・浪人	0	0.0%	5	2.3%	1	0.5%	1	0.7%
百姓・町人	2	1.1%	11	5.1%	0	0.0%	0	0.0%
不明	1	0.6%	2	0.9%				
合計	175		214		196		141	

限定している。藩外の家と縁組する場合は、婚姻の場合と同様に、相手方の素性を記した添書を養子願と一緒に提出した。

養子縁組の表を見ると、国元・江戸ともに同じような割合になっており、婚姻ほどの明確な差は見られない。

国元の養子縁組は、藩内が七割半を占める。相手が他藩士の場合は六一件あり、遠江浜松藩十一件、三河田原藩一〇件、三河岡崎藩と丹後宮津《たんごみやづ》藩が五件となっている。宮津藩が多いのは、藩主本庄《ほんじょう》松平家が浜松藩主であった時代の縁故による。旗本家来は三河新城領主菅沼家からの養子が九件と群を抜いている。武家以外との養子縁組は、婚姻と比べて格段に少なかった。

江戸の養子縁組と婚姻の表と比べると、藩内婚の

吉田藩士の養女

相手方身分	入養女				出養女			
	国元		江戸		国元		江戸	
	件数	割合	件数	割合	件数	割合	件数	割合
藩内	11	47.8%	9	14.8%	14	25.0%	2	5.6%
藩内(足軽等)	2	8.7%	2	3.3%	0	0.0%	0	0.0%
他藩	7	30.4%	17	27.9%	16	28.6%	12	33.3%
旗本・御家人	0	0.0%	5	8.2%	0	0.0%	8	22.2%
旗本家来	2	8.7%	7	11.5%	8	14.3%	7	19.4%
寺社	0	0.0%	1	1.6%	7	12.5%	1	2.8%
医師	1	4.3%	1	1.6%	8	14.3%	1	2.8%
郷士・浪人	0	0.0%	4	6.6%	1	1.8%	1	2.8%
百姓・町人	0	0.0%	15	24.6%	2	3.6%	4	11.1%
合計	23		61		56		36	

割合が三割程度であったのに対し、藩内の養子縁組は六割程度を占めている。藩外の武家との養子縁組内容を見ると、上野高崎藩や同族の旗本、吉田藩主の子弟が養子に入った家などの家来が多い。武家以外との養子縁組では、下級藩士がもともと縁戚関係にあった百姓・町人から養子を迎えた例、技量が問われる医師の家の例が見られる。

このように、養子縁組は婚姻に比べてバラエティーがなく閉鎖的と言える。磯田氏は長門《ながと》清末《きよすえ》藩の養子縁組事例を分析し、藩内の異姓養子が八割から九割を占め、同階層内で養子縁組することで藩士の階層固定化につながったことを明らかにした。吉田藩の養子縁組も清末藩と同様の傾向を示しており、跡継ぎの男子がいないことによる絶家を避け、家臣団を安定化させる機能を果たしていた。

養女の縁組事例は、養女を迎える場合（入養女）が八四件、養女に出す場合（出養女）が九二件確認できた。身分差がある者と婚姻を望んだ場合、釣り合いがとれる家へ養女に出す方法が採られたため、江戸では百姓・町人から養女を迎える例が多かった。

藩邸の悪ガキたち

定府藩士が藩邸内の長屋で家族と同居しているということは、子どもたちも住んでいるということにほかならない。江戸藩邸で暮らす子どもの姿はイメージしにくいかもしれないが、例えば渡辺崋山《かざん》は三河田原藩上屋敷、沖田総司《そうじ》は陸奥白河《むつしらかわ》藩下屋敷で生まれており、ほかにも藩邸生まれの著名な武士は多い。また、幕府直轄の教育機関である昌平坂《しょうへいざか》学問所では、幕臣だけでなく諸藩の藩士も学ぶことができた。

吉田藩では江戸藩邸で暮らす子どもに関する通達が度々出された。「江戸日記」のなかから主な記録を列挙してみよう。

・家中の若者・子どもは武芸・手習・学問・算術に精を出すように度々通達しているが、袴を着ず、天気がよくても下駄を履き、遊芸ばかりしている者もいるという。もって

の外《ほか》のことであり、今後そのような者がいたら、自身はもちろん親にも厳しい罰を与える。（宝暦三年四月二六日）

・吹き矢・破魔弓《はまゆみ》・礫打《つぶてう》ちなどの遊びは禁止する。（宝暦三年九月二一日・明和《めいわ》二年九月二三日）

・北新堀下屋敷は隣家との境界の囲いがまばらなので、子どもが境界で遊ぶことを禁止する。（宝暦十二年一月十四日）

・藩士の子どもが隣の屋敷へ石を投げ、あるいは先方の子どもと口論するようなことは、以前から通達しているように有るまじきことである。（明和四年二月十六日）

・屋敷内の子どもが提灯をともして歩き、畑の中へ入って虫を取ることは火事の元になるので禁止する。（安永五年六月二九日）

・瑞泉院《ずいせんいん》様（松平信礼《のぶうや》の正室）が御庭内の稲荷へ参詣された際、表門脇で子どもたちが集まり、宜《よろ》しからざる遊びをしていた。今後は表門脇に集まって遊んではならない。また、土蔵の壁に落書きする、生垣を折る等の行為も禁止する。（天明元年四月二〇日）

・谷中下屋敷で子どもが犬を噛み合わせる、隣家との境界の生垣を折って隣家の敷地へ踏み込んで不法な事をするといったことがあるので、そうした行為は禁止する。（寛

政四年閏《うるう》二月五日）

・凧《たこ》揚《あ》げの際に隣の屋敷と争うことは以前から禁止しているが、凧を絡ませて隣の屋敷の凧を取る者がいると聞く。今後はそのような事がないよう、親がきつく申し付けること。（寛政四年閏二月八日）

・上屋敷の家中の子どもが馬場内へ集まって遊ぶことは、二年前から禁じているにもかかわらず、また集まっているのは、親の申し付けが行き届いていないためである。今後は立ち入らないよう厳しく申し付けなさい。奥玄関や馬場口辺りは藩主の御座所から近いので、子どもたちが集まって騒がしくしないように申し付けなさい。（文政一〇年二月十三日）

・谷中下屋敷の子どもが、生垣を越えて御菜園内に入り樹木を折り取る、「御山」のなかへ入り表通りの垣根を破り生垣を折る、土蔵を破損させるといった不法な遊びをしているのは、親の申し付けが行き届いていないためである。一昨年も厳しく申し付けたが、今後そのようなことがあれば親を厳しく処罰する。（文政一〇年三月二四日）

確かにどれも悪いことではあるが、子どもたちの活き活きとした日常の姿が見えてくるようで、どこか憎めない。通達に出てくる宜しからざる遊びや行為をする子どもは一部で、真面目に武芸や学問に励む者たちも多くいたはずだ（と思いたい）が、大人の藩士であっても吉田藩の家風にふさわしくないとして処罰される者もいた。

藩邸内の厩《うまや》や中間《ちゅうげん》部屋、供廻り部屋で博奕《ばくち》をおこなっていたという話もあり、家中の風紀を保つのは困難であった。もちろん、風紀の乱れは吉田藩の江戸藩邸に限った話ではなく、どこの武家屋敷でも問題になっていた。

藩士の病気欠勤

藩士が病気になった場合は、基本的に藩医が診察したが、評判の良い他藩の医師や町医に診てもらうことも多々あった。「江戸日記」にも吉田藩士を診察したさまざまな医師が登場し、有名どころでは『解体新書』で知られる若狭小浜《わかさおばま》藩医の杉田玄白、蘭学者・戯作者の顔を持つ森島中良《ちゅうりょう》などの名前が見える。

吉田藩では、藩士の病気欠勤が長引くと「病気引込日数届」を提出した。藩主の側近くで働く小姓頭支配の藩士は五〇日、それ以外の藩士は七〇日で届け出ることになっていた。その後も病気が続けば、一〇〇日・一五〇日と届けを出した。一五〇日に達すると「病体改め」がおこなわれ、小姓頭支配は小姓頭、それ以外は目付が藩医を連れて病人宅を訪問して様子を確認し、藩医の診立《みた》てを書いた報告書を作成した。さらに長引く場合は、五〇日ごとに届けを出した。なお、役人以上の藩士は名代が口頭で御用所へ報告するだけで済み、奏者番以上は病体改めもなかった。病気の回復が見込めない場合は「小普請入《こぶしん》り」となり、職務を免じられて無役になった。あるいは、嫡男を「代番」として勤めさせることもあった。

病気療養中の藩士は、許可なく自宅から出ることができなかった。医師の診断により藩邸内や近所を歩く場合は願書を提出し、月代《さかやき》を剃《そ》り、身なりを整えて歩いた。他藩の医師や町医のもとへ出向いて療治を受ける場合も願書を提出し、やはり月代を剃って通った。

温泉へ行こう

古くからおこなわれている病気の治療法の一つに、温泉宿に滞在して温泉の効能により健康を回復する湯治《とうじ》がある。江戸時代には、物見遊山も兼ねて湯治の旅に出る庶民も多かった。

病気の吉田藩士が湯治に出かけることも多く、「江戸日記」には一九一件の事例がある。

内訳は江戸が六九件、吉田・新居が一二二件である。湯治に出かける場合ももちろん願書（湯治願）の提出が必須であり、病気の種類・症状、診断した医師、湯治をする温泉地と滞在期間、湯治に効果があれば滞在期間を延長したい旨を記載するのが定型であった。また、嫡男がいない者は湯治中に病死した場合に備えて跡継ぎを指名する仮養子願も提出した。

吉田藩士の湯治場は、江戸では塔《とう》ノ沢《さわ》や熱海《あたみ》など比較的近場の相模・伊豆が六割近くを占めるが、件数としては伊勢の菰野《こもの》が二番目であった。国元では三河能登瀬《のとせ》（湯谷《ゆや》温泉）・伊勢菰野・遠江虫生《むしゅう》の三か所が全体の七割を占め、こちらも近距離の湯治場が多く選ばれた。箱根の塔ノ沢への湯治は、参勤交代の供の帰路に立ち寄ることも多かった。

湯治願に記された病気の種類と湯治場には相関性が見られる。塔ノ沢は半数が痔疾《じしつ》であるが、痔に効くとして知られていたのは同じ箱根七湯の底倉《そこくら》である。東海道から近い塔ノ沢で宿泊し、七湯廻りをしたのであろう。「湿瘡《しっそう》に宜し」とされた虫生では吹出物、「別して疝《せん》には功あり」という能登瀬では疝気・疝癪《せんしゃく》（内臓疾患）が多い。菰野は痔疾、手足の痛み、打ち身や疝癪などさまざまである。診察した医師が、病気の種類に応じて効能があるとされた湯治場を選択していたことがわかるが、そこには藩士の希望が反映されることもあったと思われる。

湯治は七日間を一廻《めぐ》りとして、一廻り目で病根をえぐり出し、二廻り目でその病根を除き、三廻り目で健康な体力に回復させるのが基本的な流れとされた。江戸時代後期には箱根で一夜湯治もおこなわれたが、通常は二〜三廻り滞在することが多かった。吉田藩士の湯治期間もほとんどが二〜三廻りで、申請の際に泉質が体に合えば、追加でもう一廻りしたいと願い出ていた。

吉田藩士が湯治願を出した日付を見ると、おかしな点があることに気づく。複数の藩士が同じ日に同じ湯治場への旅行を申請しているのである。これは、要するに病気を理由に仲間と連れ立って娯楽色の強い温泉旅行を楽しんでいたのである。最も人数が多いのは宝暦七年（一七五七）六月二〇日申請の五人で、藩主松平信復の参勤交代の供を終え、江戸へ戻る途中に塔ノ沢で二廻り（追加で一廻り）の湯治をおこなった。遠隔地へ行った例もあり、享和《きょうわ》三年（一八〇三）には定府藩士二人が奥州土湯《おうしゅうつちゆ》（福島県）へ、文化元年（一八〇四）には吉田の藩士二人が但馬城崎《たじまきのさき》（兵庫県）へ湯治に出かけている。

藩士が連れ立って物見遊山を兼ねた湯治に出かけることはある程度黙認されていたが、度が過ぎると処分の対象になった。文政二年（一八一九）十二月、藩主松平信順の御入部

（初めてのお国入り）の供で吉田に滞在していた儒学者の大田錦城《おおたきんじょう》は、疝癪のため菰野へ三廻りの湯治に出かけた。その後京都へ足を延ばして古筆鑑定家の了意《りょうい》を訪ね、病気と称して長々と滞在し、さらに美濃大垣《みのおおがき》の知人を訪ねてから吉田へ戻った。翌年秋に江戸へ戻ったあとでこれが問題とされたため、錦城は謹慎伺いを出した。錦城は外部から招聘《しょうへい》された者だったため吉田藩の制度を十分に理解していなかったことが考慮され、二〇日間謹慎の心構えで勤務することで済まされた。

薬湯と塩風呂

先ほど見た湯治の件数では、江戸は吉田の半数ほどしかなかったが、これは江戸の藩士が病気になりにくかったからではない。病気欠勤中の藩士が薬湯・塩風呂への入湯願を出したケースは一四五件もあった。

薬用植物を入れた薬湯は、端午《たんご》の菖蒲湯《しょうぶゆ》や冬至《とうじ》の柚子湯《ゆずゆ》など、現在でもなじみのあるものもあるが、江戸では熱海や箱根などの温泉地から運んできた温泉を沸かして薬湯と称していた。薬湯では複数の温泉を用意することもあり、症状に合わせて湯を分けていた。主に皮膚病を対象としたものが多く、吉田藩士の場合も薬湯への入湯願一四二件のうち七二件が吹出物、十三件が湿瘡の症状である。

入湯料は、一般的な銭湯が六〜一〇文（約一五〇〜二五〇円）程度であったのに対し、遠方から温泉を運んでくる薬湯は二〇文（約五〇〇円）の場合が多く、山上にあって送料が高い箱根などは三二文（約八〇〇円）とさらに高額であった。ただし、温泉を運んでくる薬湯は毎日湯を替えることができず、七日から一〇日ごとの入れ替えであり、湯を替えた日は表に「今日新湯」という札を掲げた。

吉田藩士は江戸藩邸から近い薬湯に通うことが多く、上屋敷は神田や中橋《なかばし》、谷中下屋敷は谷中三崎町《さんさきちょう》、北新堀下屋敷は霊岸島などの薬湯が選ばれた。入湯期間は約七割が一廻りで、「折々」や「全快するまで」など明確な期限を設けない場合もあった。

塩風呂への入湯願は三件あった。塩風呂は土で作ったドーム型のサウナで、高さ・横幅ともに三メートルほどあった。まずはドーム内で枯れた松の枝を焚《た》き、その灰を取り除いたあとで塩水に浸した莚《むしろ》を敷いた。準備ができたら、なかに三、四人が入って寝転がり、入り口を塩水に浸した莚で塞いだ。血行促進や発汗作用の効果が期待され、吉田藩士の事例では腕の麻痺《まひ》と腰痛の者が利用した。

吉田藩士のメッカ

吉田藩主松平伊豆守家の菩提寺《ぼだいじ》は野火止平林寺である。同寺は松平信綱の祖父大河内秀《ひで》綱《つな》が伽藍《がらん》を再建したことが縁で、大河内松平一族の菩提寺となった。そのため、吉田藩主だけでなく、同族の上野高崎藩主・上総《かずさ》大多喜《おおたき》藩主も平林寺に埋葬された。境内にある大河内松平家廟所《びょうしょ》には、三〇〇〇坪の墓域に一七〇基余りの墓石が立ち並んでいる。藩主が国元で亡くなった場合も遺体が平林寺まで運ばれたため、吉田（豊橋）に大河内松平一族の墓はない。

参勤交代の供などで江戸へ出てきた吉田藩士が国元へ戻る前には、数日から十数日程度の休暇を申請することが多い。休暇中は江戸の街へ繰り出して名所を見物し、土産を買い求めて過ごした。休暇申請の際に、あわせて歴代藩主が眠る平林寺への参詣を願い出ることもあった。古くから伊豆守家に仕えてきた藩士であれば、以前同家が治めていた川越や古河に先祖の墓があるため、平林寺へ参詣したあとで自身の先祖の墓参りをした。

定府藩士の場合、自分を取り立ててくれた藩主の年忌法要がおこなわれると、法要の担当者でなくとも参詣願いを出して平林寺を訪れて藩主の廟所を詣でた。また、平林寺には江戸家老水野家だけでなく、幼少期から松平信明を支えて厚い信頼を得ていた新藤安精《しんどうやすきよ》など、功績のあった藩士の墓も建てられている。

　このように、平林寺は吉田藩士にとって精神的な支えとなる特別な聖地であった。

法事と恩赦

　二〇一九年、天皇陛下の即位にともなう恩赦が話題になった。恩赦とは慶事・凶事・法事などに際し、罪を犯した人の刑罰を軽減させることであり、江戸時代には幕府や諸大名もおこなっていた。

　江戸幕府の場合、徳川将軍家の菩提寺である寛永寺と増上寺には、恩赦について口添えする権限が与えられていた。吉田藩の場合は、江戸藩邸であれば平林寺と無量院《むりょういん》に同様の権限が与えられていた。無量院は松平伊豆守家の庶子などが埋葬された江戸小石川の寺院である。国元の吉田では、悟真寺《ごしんじ》などの有力寺院が口添えすることがあった。

「江戸日記」には、さまざまな理由で追放された元吉田藩士が刑罰の軽減を求めたことが記されている。彼らは藩主一族の年忌法要に合わせて、藩主家ゆかりの寺院へ赦免願や帰参願を提出し、吉田藩への口添えを依頼した。可否は後日寺院を通じて伝えられた。

一例を挙げよう。沢木《さわき》真喜多《まきた》は、新居町奉行であった父弥兵衛《やへえ》が天明六年（一七八六）

に金銭トラブルにより切腹したため、離散を命じられた。寛政四年（一七九二）六月、慈《じ》雲院《うんいん》（松平信礼）の二三回忌法要に合わせ、平林寺を通じて江戸藩邸内への出入りを願い出た。しかしこの願いは聞き届けられず、願書は差し戻された。翌年四月、万松院（松平信祝）の五〇回忌法要に合わせ、再び平林寺を通じて今度は帰参《きさん》を願い出た。願書では親類からの援助を打ち切られたので、母を扶養するためにも軽い奉公で構わないので召し返してほしいと訴えた。結果、帰参は叶わなかったが、前回要求した屋敷内への出入りは許可された。しかし同年十一月、長次郎（後の松平信順）誕生の慶事による恩赦で帰参が叶い、八人扶持で勘定人に召し返された。真喜多には学識があったのか、同九年に長次郎の諱《いみな》（信順）を考案するという栄誉に浴している。

中間をリクルート

江戸藩邸で働く武家奉公人についても述べておこう。江戸藩邸ではさまざまな雑務に従事する若党《わかとう》・中間・陸尺《ろくしゃく》・草履取《ぞうりとり》・小者《こもの》などと呼ばれる人々が働いていた。彼らは武士身分ではなく、年季契約の短期雇用労働者であった。国元の領民を雇用して江戸へ連れてくるのが本来の有り方だが、十八世紀半ば以降は、人宿《ひとやど》のような人材派遣業者を通じて、地方から江戸に流入した出稼ぎ人を雇用する（江戸抱《えどがかえ》）ことも多くなった。

しかし、人材派遣業者を通じて雇用する武家奉公人の質が悪化し、先払いの給料を受け取ったのに雇い先に引っ越さない、あるいは奉公期間中に脱走するといった者が目立つようになった。これらの不埒者《ふらちもの》については人宿や身元保証人が補償するという契約書を交わしてはいたが、脱走した奉公人の給金の弁償が滞るなどの問題が発生した。また、江戸抱の中間はさまざまな武家屋敷を渡り歩くため仲間同士の連帯感が強く、横暴な振る舞いや博奕などの違法行為も繰り返された。

このような状況が続くなかで、藩士を関東やその周辺諸国に派遣し、奉公人を直接雇用しようとする藩が出てきた。こうして雇用された奉公人は国抱《くにがかえ》と言い、出身国名を冠して上総抱《かずさがかえ》・下総抱《しもうさがかえ》（上総は現在の千葉県中央部、下総は千葉県の北部と茨城県の一部）などと呼ばれた。なお、国抱中間は江戸抱中間から快く思われておらず、妨害や暴言などの酷《ひど》い仕打ちを受けることがあった。

このように状況が変化すると、武家奉公人の供給地では短期契約の武家奉公希望者を募集し、江戸藩邸に斡旋する者が登場した。彼らは抱元《かかえもと》や抱宿《かかえやど》などと呼ばれ、多くは地元の村役人などの有力農民層であった。抱元は江戸の人宿とも連携するようになり、藩から奉公人の雇用を請け負った人宿が抱元を通じて召し抱えることもあった。

江戸時代後期の吉田藩の江戸藩邸では二五〇人前後の武家奉公人が働いており、彼らをまとめて中間と呼んでいた。中間を取りまとめるのは正規藩士の中間大頭《おおがしら》で、その下に足軽身分の中間小頭《こがしら》がいた。雇用された中間は藩邸内の中間部屋に集められ、それぞれの役目を割り当てられた。

寛政年間になると、老中松平定信《さだのぶ》が江戸抱中間の取り締まり強化に乗り出し、吉田藩でも上総抱の中間を積極的に雇用しはじめた。中間大頭が春と冬に半月から一か月ほど上総へ出張し、現地の抱元を通じて中間をリクルートするということが繰り返しおこなわれた。寛政九年（一七九七）以降は遠江抱も目立つようになる。遠江であれば吉田の方が近いため、江戸の中間大頭が吉田の中間大頭へ採用手順を指導し、吉田で担当するようになった。文政九年（一八二六）以降は毎年江戸から駿河《するが》へ出張してリクルートすることに決まったが、その後状況がどう変化したのかは史料がなく不明である。

馬を担当する藩士の馬役や馬医が出張する場合もあるが、これは常に五〇人程度いた厩《うまや》中間の雇用が目的である。馬の産地である三春《みはる》（福島県田村郡三春町）へも、馬の買い付けだけでなく中間雇用のために出張することがあった。

幕末期の江戸抱中間の給料は、一年で金四両が相場とされた。給料は先払いで渡され、それとは別に毎月の薪・塩・味噌代、月四〇〇文の手当、飯米代などが必要になるため、中間一人あたり年間金二二両二分余の経費がかかった。中間が二〇〇人いれば金四五〇〇両という大金になる。人件費を給料だけと思って侮ってはいけない。必要な時に必要な人数の中間を派遣してくれる三河屋久右衛門のような人宿が重宝されたのもうなずける。

逃げる召使

武家の権威復活を目指して改革に乗り出した老中松平定信は、天明八年（一七八八）三月に武家奉公人に関する触書を出し、不埒な奉公人のうち、軽度な罪の者は雇用主が処罰し、重罪の者は雇用主が町奉行所へ差し出すことになった。人材派遣業者ではなく、雇用主の武家が責任を持てということである。同様の触書は翌寛政元年（一七八九）と同四年にも繰り返し出されており、あまり効果はなかったようである。

寛政二年には、脱走した奉公人の給料返済が滞っていることを放置するのは雇用主の不届きであり、奉公人の取り締まりにも支障が出るので、町奉行所へ報告するようにという触書が出された。幕府は翌年にも同様の触れを出し、未だに町奉行所への報告が少ないと嘆いている。武家は不埒な奉公人に対して責任を持つことを避けていたのである。

吉田藩の江戸藩邸には、中間以外に藩士が個人的に雇う召使や下女も多くいた。彼らも年季契約を結んだ短期雇用労働者である。召使にも不埒者がおり、彼らの給料返済も問題になっていた。「江戸日記」には、脱走した召使に支払った給料や盗品を取り戻してほしいという記事が、寛政四年から文化元年（一八〇四）の間に十八件登場する。

最初の記事は寛政四年四月一〇日で、奥年寄の村松助右衛門《むらまつすけえもん》が、三月十八日に脱走した召使文蔵《ぶんぞう》の給料取り立てについて町奉行所で沙汰してほしいと願い出た。これまでにない新規の願書であるため、中老を通じて藩主松平信明も文案を確認した。当時の信明は定信と共に老中として改革を主導する立場にあり、触書を出した当事者の一人として、町奉行所へ報告しないわけにはいかなかった。給料は町奉行所が取り立てることに成功し、同年六月二四日に金一両一分（約十二万円）が助右衛門のもとに返された。

文政年間の「江戸日記」には、召使の給料取り立て願いの記事は見られない。召使全員が雇用期間を全うしたとは考えられないため、吉田藩士が責任を持つことを放棄し、人材派遣業者に対応を任せたのであろう。文政三年（一八二〇）九月、幕府は天明八年三月の武家奉公人に関する触書を再び出したが、もはや効力は失われていたようだ。

第三章　江戸藩邸事件簿

脱藩者たち

武士が仕官している藩を抜け出して浪人になることを脱藩という。前章の最後では逃げ出した武家奉公人について触れたが、実は脱藩する藩士も多かった。

脱藩というと、吉田松陰《よしだしょういん》や坂本龍馬《さかもとりょうま》といった幕末の志士たちが思い浮かぶ。彼らは尊王攘夷など各々《おのおの》の信念を持ち、自由に行動して志を実現するために脱藩した。三河《みかわ》吉田藩にも脱藩して倒幕運動に加わった山本速夫《やまもとはやお》（亀井孫六《かめいまごろく》）のような人物がいたが、ここで紹介するのは彼らのような幕末の志士ではなく、幕末以前に脱藩した武士である。

吉田藩の「江戸日記」では、五九年半の間に一八四件の脱藩が記録されている。内訳を見ると、江戸が一四三件（士分八七件・徒士《かち》三九件・足軽十七件）、吉田が四一件（士分三五件・足軽六件）となっており、圧倒的に江戸での脱藩者数が多い。

徒士は基本的に吉田出身者が江戸で脱藩した場合のみ記録することになっており、足軽も犯罪に関与した場合や親が久離《きゅうり》（親族関係を断って連帯責任を免れること）を願い出た場合などの事例に限られているため、実際の脱藩者はもっと多かった。

正規の藩士（子弟を含む）に限っても、江戸が八七件で吉田が三五件と、やはり大きな開きがある。理由としては、吉田の藩士は島原天草《しまばらあまくさ》一揆で松平信綱《のぶつな》に従軍して戦った「島原扈従」の子孫のような古参家臣が多いのに対し、江戸の藩士は新規に取り立てられた者が多いという、藩主家に対する親疎や忠誠心の違いが考えられる。また、大都市である江戸にはさまざまな誘惑があったためか、借金が嵩《かさ》んで首が回らなくなった、あるいは犯罪に手を染めたという理由で逃げ出す者もいた。

これだけ脱藩者が多いと人手不足になり、吉田藩は慢性的な「御人少《おひとずくな》」の状態であった。そのため新規に藩士を取り立てる必要があり、藩士の次男三男を分家させる、徒士や足軽のなかで優秀な人材を取り立てるといった方法で藩士数の確保に努めた。また、親が犯した罪で藩から追放された者を恩赦で帰参させることもあった。

ところで、「江戸日記」に脱藩という言葉は登場せず、逐電《ちくでん》・出奔《しゅっぽん》・遁世《とんせい》・欠落《かけおち》といった表現が使われている。逐電と出奔は同一事例で両方使われることもあり、明確な区別はなかった。遁世とは俗世間を捨てて出家することで、実際に出家した例もあるが、そうでない場合でも使われた。欠落は徒士・足軽など正規の藩士以外に使用している。

家族や親族に脱藩者や処罰された者が出た藩士は、連帯責任として上司に謹慎伺いを提出した。親兄弟はもちろん、従兄弟違《いとこ》い（五親等）や又従兄弟（六親等）まで提出する例もあったが、四親等以上離れている場合は「その儀に及ばず」としてお咎《とが》めなしになることがほとんどであった。謹慎の申し渡しは藩邸の御殿内ではなく、上司の長屋でおこなわれた。謹慎が明けた後も「自分差控《さしひかえ》」として謹慎期間の延長を自ら申し出て、反省の意を示した。

以下、具体的な事例を挙げて、幕末の志士とは違う脱藩者たちの姿を紹介しよう。

一家全員で脱藩

明和《めいわ》元年（一七六四）十一月二八日、馬廻《うままわり》の海法弥門《かいほうやもん》は昼頃から複数個所への使者を務めるため、供として挟箱持《はさみばこもち》や草履取《ぞうりとり》など七人の中間《ちゅうげん》を連れて吉田藩上屋敷を出た。勤めを終えると、弥門は中間の一人に使者の役目を果たしたことを記した書付を渡し、七人とも先に上屋敷へ戻るよう指示した。

弥門には召使が一人おり、早朝から使いに出されていたが、夕方帰った時には弥門も家族も姿が見えなかった。不審に思った召使は、海法家の隣に住む山本左兵衛《やまもとさへえ》へ知らせ、左兵衛から弥門の上司である奏者番《そうじゃばん》の石井宇門《いしいうもん》や同僚の馬廻たちへも報告された。親類が立ち会って部屋のなかを改めたところ、書き置きはなかったものの、本来あるべき品が見当たらなかったため脱藩と判断された。

通常、脱藩者が出ると目付《めつけ》が捜査し、長屋の両隣や向かいの住人、脱藩した時の門番から供述調書をとった。今回、長屋に住む藩士からは、弥門の家は普段と変わらなかったという供述しか得られなかった。表門の門番四人からは、弥門は昼頃に普段使者を務める際と変わらない様子で出ていき、供の中間で表門から帰った者は一人もいなかったという情報が得られた。裏門の門番四人からは、昼前に弥門の母・息子・下女の三人が出ていったが怪しい様子はなかったこと、弥門の供をした中間は日暮れ前に銘々《めいめい》帰ってきたことが報告された。また、弥門の召使は早朝に裏門を出て、七つ時（午後四時頃）に帰ったことも確認された。このように、門番は藩邸を出入りした人数や時刻を細かく記録しており、きちんとチェック機能を果たしていた。

中間七人の供述では、弥門は所々へ使者の役目を果たしたあと、日本橋呉服町で馬と馬の口附《くちつき》二人・草履取、数寄屋《すきや》町で刀差と鎗持を上屋敷へ返した。さらに中橋裏町あたりの町家に立ち寄ると、そこで書いた書付を挟箱持へ渡して上屋敷へ持参させた。その後鍛冶《かじ》橋《ばし》門の外で最後に残った合羽籠持《かっぱかごもち》を返した。こうして帰路で中間たちを残らず返し、そのままプライベート時間に突入することは普段から度々あったため、中間たちも何ら疑念を持つことなく弥門の指示に従ったのである。

海法家と共に姿を消した下女の父は本町三丁目に住む長兵衛《ちょうべえ》という者で、娘を所々捜しまわったが見当たらないとして、同年閏《うるう》十二月に町奉行所へ届け出ている。

下女を含め、海法家の人々の消息はその後何もわかっていない。もちろん、海法家は取りつぶしである。書き置きがないため正確な脱藩理由は不明だが、こうして一家全員で居なくなるケースは、借金が絡んだ経済的な理由が考えられる。

羽目を外したお上りさん

吉田に足軽身分の山方同心から取り立てられた松下四嘉右衛門《まつしたしかえもん》という下級藩士がいた。宝暦《ほうれき》一〇年（一七六〇）七月、四嘉右衛門は息子の妻治《つまじ》（二七歳）が江戸で武家奉公の経験を積みたいと望んだため、芝露月《しばろうげつ》町にいる亡き妻の従弟《いとこ》である小池屋喜兵衛《こいけやきへえ》という町人のもとへ一、二年の間預けることにした。しかし、いざ江戸へ出てきた妻治は都会の風にあてられたのか、不良行為が目立つようになり、同十二年には四嘉右衛門との連絡を断ち、喜兵衛のもとから姿を消して脱藩してしまった。

同年四月、四嘉右衛門は妻治を久離し、江戸の留守居《るすい》を通じて町奉行所の「公儀御帳《こうぎおちょう》」に記載してもらうことを願い出た。公儀御帳とは、犯罪者の罪状や要注意人物などの情報を記した帳簿である。これに帳付《ちょうづけ》してもらうことで、今後妻治が悪事をはたらいたとしても、四嘉右衛門や吉田藩に類が及ぶことを防いだ。なお、久離や帳付を願い出ることができたのは父母や兄など立場が上の者に限られ、例えば子が父を久離することはできない。

久離してから五年後の明和四年（一七六七）秋、奥三河の設楽《したら》郡清水村に住む左内《さない》という者が、吉田の四嘉右衛門を訪ねてきた。話を聞くと、明和二年四月に妻治が左内のもとに突然やってきて、素性を明かしてこれまでの経緯を説明し、清水村に置いてほしいと頼み込んだ。左内が妻治に息子たちの手習いの世話を任せたところ、酒は一切飲まず、非常に真面目に励んでいるので、帰参させてやってほしいとのことであった。しかし、四嘉右衛門は左内の願いを聞き入れずに追い返した。

同六年一月、今度は設楽郡湯谷《ゆや》村の惣兵衛《そうべえ》が四嘉右衛門を訪れ、やはり息子たちの世話を任せているが、思いやりがあって真面目なので帰参させてほしいと言ってきた。四嘉右衛門はよくよく話を聞いた上で、二人の言うことに間違いはないと判断し、妻治の久離取り下げを藩に願い出た。ただし、許されたとしても妻治は当分清水村に預け、念入りに心《しん》体《てい》を見極めた上で引き取りたいと申し添えた。この願いは一月末に許され、妻治は公儀御帳からも除外されることが決まった。九月には四嘉右衛門方への引き取りも許され、妻治は九年ぶりに吉田へ帰ることができた。

その後、妻治は左四郎《さしろう》と改名し、安永《あんえい》五年（一七七六）に初めて藩主（代理の家老）へのお目見えが叶った。藩士嫡男の初お目見えは、通常元服後の一〇代後半におこなわれる大事な儀式で、それを済ませたあとで一人前の藩士として役職が与えられるのだが、左四郎が脱藩した当時は父四嘉右衛門が嫡男をお目見えさせられる身分ではなかったため、まだ済ませていなかった。この時左四郎はすでに四三歳になっており、松平伊豆守《いずのかみ》家における初お目見えの最高齢記録である。帰参後の左四郎は真面目に働き、父の没後は四嘉右衛門の名を継いで山方代官を務めて藩の御用林の管理をおこない、六七歳で亡くなった。

雲水に身を寄せたい！

数多くいる脱藩者のなかで、ひと際異彩を放っているのが石田平八郎《いしだへいはちろう》である。平八郎は長年松泉院《しょうせんいん》（松平信祝《のぶとき》未亡人）に仕える奥目付であったが、松泉院が亡くなったのを機に、宝暦十二年（一七六二）四月に息子の兵治《へいじ》に家督を譲って隠居した。

隠居後の平八郎は、日頃から出家したいという願望を兵治に語っていたが、特に変わった様子もなく暮らしていた。ところが、翌年九月一日の昼前に北新堀《きたしんぼり》下屋敷から外出すると、そのまま戻ることはなく脱藩してしまった。
不審に思った兵治が心当たりの場所を訪ねると、石田家の檀那寺《だんなでら》である下谷広徳寺《したやこうとくじ》の塔《たっ》頭《ちゅう》梅雲院《ばいうんいん》で剃髪していたことが判明した。
また、平八郎が残していった書き置きも見つかった。その内容は次のとおりである。

我、そのかみ（当時）禅より好みて正座して円月に歎《たん》ず。一夕頓悟《とんご》、桑門《そうもん》（僧侶）を思う。妻となく子となく我をとどむ妄想、雲を生じて須臾山谷に執着す。さりながら、一念発起やむ時なく、すでに今日遁世出家、剃髪染衣《ぜんえ》となりて、ついに雲水に身を寄せおわる。

迷故三界城《まようゆえにさんがいじょう》　悟故十方空《さとるゆえにじっぽうくう》　本来無東西《とうざいなく》　何処有南北《いずこになんぼくありや》

尋ねてもよもや見へじの旅衣《たびごろも》　身のかくれみのかくれ笠にて

普門品《ふもんぼん》三千三百三拾三巻を読誦《どくじゅ》奉る。右志す所は、恐れながら万松院《ばんしょういん》様（松平信祝）・松泉院様（同妻）・平林寺《へいりんじ》和尚・梅雲院和尚・宗泉寺首座《そうせんじしゅそ》・石田家先祖へ聊《いささ》か報恩謝徳のため、別して当主御武運長久のため、右の心底候《そうろう》上は、我等事は存じ切り、末々如何様《いかよう》の身になり候とも、御厚恩の程、生々世々《しょうじょうせぜ》忘却せざる様心懸けらるべく候。よって件《くだん》のごとし。
未九月
同平八郎政賀《まさよし》 法名道意《どうい》
石田兵治殿

平八郎は常々出家したいと思っていたが、妻子のことが気がかりで踏み出せずにいた。しかし、ついに一念発起して行動に移したのである。「迷故三界城」で始まる四句の言葉は、お遍路さんがかぶる菅笠に書かれるもので、この世界の迷いから抜け出すことは難しいが、悟りを得れば広々とした世界が見え、もともと東や西、南や北もないのだ。ということを意味している。諸国を転々として祈りの旅に出る考えなのであろう。

兵治に対しては、自分のことは忘れて、どのような身の上になったとしても、未来永劫主君や先祖の恩を忘れるなと諭している。

しかし、正式な手続きを経ない脱藩が許されるはずもなく、兵治は九月二八日に平八郎を捜し出すために永《なが》の暇《いとま》（辞職）を願い出て、藩士の身分を失った。平八郎自身は望みどおり雲水に身を寄せることができたが、それと引き替えに家族は路頭に迷う羽目になったのである。

それでも二年後の明和二年（一七六五）五月には兵治が帰参を許され、石田家は吉田藩士に返り咲くことが叶った。

真犯人は誰だ？

寛政《かんせい》八年（一七九六）九月二四日、藩医の益子宗隆《ましこそうりゅう》は当番医として藩邸内の医師部屋に詰め、昼八つ時（午後二時頃）過ぎに病気の藩士の長屋へ診察に出かけた。一時《いっとき》（約二時間）後に戻ると、医師部屋の入り口の戸が開いていた。不審に思って部屋のなかを確認すると、二階に置いてあった薬箱の蓋が開いており、さらに小袖と羽織がなくなっていた。

翌日宗隆から紛失届けを受け取った目付は、徒目付に命じて内々に捜査をおこなった。徒目付は藩邸の外も捜しまわり、一〇月四日になって、北新堀下屋敷から程近い行徳河岸《ぎょうとくがし》の万屋治兵衛《よろずやじへえ》という質屋に宗隆の物と特徴がよく似た小袖と羽織があることを突き止めた。

万屋に話を聞いたところ、この二品は斎藤彦吉《さいとうひこきち》と名乗る者が質物として持ち込んだことがわかった。彦吉は中小姓《ちゅうごしょう》を務める吉田藩士である。しかし、尋問しても彦吉は潔白を主張し、言い分も明白で怪しいところはなかった。そこでさらに捜査をすすめると、真犯人として三田忠左衛門《みたちゅうざえもん》の名が上がり、忠左衛門が彦吉の名を騙《かた》って質入れしたのが真相であるという結論に至った。

供小姓《ともごしょう》を務めていた忠左衛門は、陸奥弘前《むつひろさき》藩の定府《じょうふ》藩士の弟で、寛政五年に吉田藩の定府藩士である三田庄太夫《しょうだゆう》の婿養子《むこようし》に入っていた。捜査の手が迫っていることに気づいた忠左衛門は、一〇月六日朝に長屋がある谷中下屋敷を出て脱藩した。養父の庄太夫は忠左衛門が脱藩した連帯責任により謹慎の身となったが、同人を捜索して召し捕らえることを願い出て許可された。

この一件は広間頭取《ひろまとうどり》の長谷川源右衛門《はせがわげんえもん》を通じて町奉行所へも届け出、源右衛門が忠左衛門を捜索するように命じられた。しかし、重役である源右衛門に抜けられては困るため、足軽小頭一人と足軽二人の計三人が日々忠左衛門を捜索し、藩邸へ戻ったら当番の目付に報告することになった。

翌年一月二二日、源右衛門は町奉行所に呼び出され、さらに三〇日間忠左衛門を捜索することを命じられた。これは二月、三月と繰り返された。そして四月二三日、町奉行において、忠左衛門の脱藩から半年が経過したため「永尋《ながたずね》」に切り替えることが申し渡された。それまでは期限を設けた「日限尋《ひぎりたずね》」であったが、半年経っても見つけられない場合は、期限を設けず見つかるまで捜し続けなさいという「永尋」になった。そうは言っても永遠に捜し続けることができるはずもなく、事実上の捜索終了宣言であった。

忠左衛門の脱藩直後から捜索を続けていた庄太夫も、四月二三日に捜索終了を命じられ、改めて謹慎処分が言い渡された。約二か月間の謹慎を終えたあとに新しい養子を迎えたものの、同年十一月に病死している。

なお、今回は犯人の汚名を着せられた斎藤彦吉であるが、もともと素行が悪かったようで、78ページで紹介したとおり、同年五月に知行を減らされた上で吉田勝手を命じられた。

質入れされた藩主の私物

吉田藩士倉垣家は家老・年寄が四人も出ている重臣で、江戸時代後期の石《こく》高は四〇〇石であった。寛政六年（一七九四）九月、五代当主倉垣主鈴《しゅれい》の嫡男源三郎《げんざぶろう》は勤番《きんばん》の近習《きんじゅう》として江戸へ出た。翌七年九月に一年間の任期を終えて吉田へ戻ったが、直後から病気になり、勤めを果たせなくなった。一向に回復しないため、同八年一月には俸禄を返上して退身した。さらに同九年六月には、同じ三河の設楽郡長篠《ながしの》村に住む林藤太夫《はやしとうだゆう》という郷士《ごうし》のもとで養生することになった。ところが、同十一年一月二〇日に藤太夫方から外出したまま戻らず、脱藩してしまった。

これだけなら、病気療養中に脱藩するというよくある事例の一つになるのだが、話はこれで終わらなかった。

実は四年前の寛政七年、江戸藩邸で藩主の私物である小納戸《こなんど》道具から小柄《こづか》（刀の鞘《さや》に装着する小刀）一点が紛失するという出来事があった。その小柄が、同一〇年冬に質屋から発見されたのである。経緯を確認したところ、寛政七年に藤田《ふじた》吟八《ぎんぱち》が倉垣源三郎の依頼を受けて質入れしたことが明らかになった。

吟八はその頃小納戸役配下の手廻を務めており、小納戸道具の管理も仕事に含まれていた。それにもかかわらず、源三郎から渡された小柄の出所を問いたださず、小納戸道具の紛失にも気づかずに質入れしたのは職務怠慢、不埒《ふらち》であるとして、寛政十一年五月二一日に永の暇を言い渡された。下級藩士に過ぎない吟八にしてみれば、将来家老になるかもしれない倉垣家の嫡男に依頼されたら断る選択肢はなかったのであろう。

寛政十一年三月、倉垣主鈴は源三郎の捜索を命じられた。主鈴は小姓頭《こしょうがしら》という要職に就いており、小姓頭のまま遠方まで捜索に出るのは迷惑がかかるとして辞任を願い出たが、捜索は藩命であるとしてこの願いは却下された。その後三〇日間の「日限尋」を繰り返したが源三郎は見つからず、五月になって捜索を断念し、主鈴には謹慎が命じられた。

捕縛された脱藩者

寛政九年（一七九七）十二月二七日、東叡《とうえい》山寛永寺《かんえいじ》の目代《もくだい》田村権右衛門《たむらごんえもん》の手代石井小十《いしいこじゅう》郎《ろう》の家に盗賊が入り、衣類が盗まれた。翌年一月、小十郎は盗まれた品によく似た物を着ている人物を目撃する。それは吉田藩徒士の山田銀吾《やまだぎんご》（二二歳）であった。小十郎は以前から知り合いであった吉田藩足軽の岩崎幸右衛門《いわさきこうえもん》に相談し、銀吾の実父である足軽の森助《もりすけ》八《はち》を通じて、なぜ銀吾がその品を所持しているのかを問いただしてもらった。

銀吾の話によれば、鍛冶橋五郎兵衛町《ごろべえちょう》の三河屋藤八《みかわやとうはち》という質屋で手に入れたとのことであった。幸右衛門は、それは盗品であるから藤八方へ戻すよう助八へ進言し、助八も早く返してくるように銀吾へ伝えた。ところが、銀吾は二月五日の昼に外出したまま戻らずに脱藩してしまう。銀吾には窃盗の容疑がかけられ、者頭《ものがしら》と広間頭取を通じて、直ちに幕府の南町奉行と火付盗賊改方へ召し捕らえるよう依頼した。

また、十二日には事件に関与したとして徒士の石崎弥一右衛門《いしざきやいちえもん》が身柄を拘束され、谷中下屋敷へ送られ、逃げ出さないように昼夜番人が付けられた。石崎は水戸城下の商家出身の三三歳で、母を連れて江戸へ出て、武家屋敷への渡り奉公で生計を立て、四年前から吉田藩の徒士を務めていた。

十五日、南町奉行所から銀吾を捕らえたという知らせが入ったため、者頭が出向いて銀吾の身柄を引き取り、谷中下屋敷へ護送した。取り調べの結果、銀吾は昨年十二月二七日の夜に垣根を越えて田村権右衛門の屋敷地内にある石井小十郎宅へ忍び込み、衣類を盗み取ったこと、盗品は五郎兵衛町の三河屋藤八と紀伊国屋《きのくにや》伊兵衛《いへえ》へ質入れしたことを白状した。吉田藩以外が関係する事件であることが明らかになり、銀吾は南町奉行所へ戻されて取り調べを受けることになった。

同十九日夜、目付が銀吾・幸右衛門・助八の三名を南町奉行所へ連行して身柄を引き渡した。銀吾は伝馬町《てんまちょう》の牢屋敷へ送られることになり、大名の家臣などが入れられる揚屋《あがりや》へ収容された。幸右衛門と助八の両名は窃盗には関与していないため吉田藩側へ戻され、谷中下屋敷へ護送された。

もう一つの窃盗事件

山田銀吾の事件が発覚して間もない寛政一〇年（一七九八）二月二四日、今度は吉田藩中間の吉三郎《きちさぶろう》と新六《しんろく》が北町奉行所から呼び出しを受けた。吉三郎は三河国八名《やな》郡出身の二九歳で、七年前から三河抱中間として吉田藩江戸藩邸で働いていた。新六は五九歳で、出身地等は記されていない。

呼び出し理由は、北紺屋《きたこうや》町の彦七《ひこしち》という質屋へ脇差を質入れしたかどうか尋問するためであった。その脇差に盗品の疑いがかけられたのである。吉三郎は、吉田藩徒士の粕谷啓《かすやけい》助《すけ》に頼まれて質入れしたと答えた。新六は質入れの証人になったのかを尋ねられ、そのような覚えはないと否定した。取り調べの結果、吉三郎の身柄は吉田藩預けとなって谷中下屋敷へ送られ、新六はお構いなしということになった。

時を同じくして、今度は料理人見習の小野佐助《おのさすけ》が昨年四月に山田銀吾から刀と脇差を購入したことを目付へ届け出た。

目付から南町奉行所へ報告した書付によれば、佐助が刀と脇差を求めていることを知った銀吾は、佐助に刀の購入を持ちかけた。その時は刀と同じ拵《こしら》えの脇差もあったため、対《つい》にしてほしいと伝えたが、銀吾は「これは親から譲り受けたものだから、刀はやっても良いが脇差を売ることはできない」と言われたため、ほかの脇差を買うことにし、合わせて金二両二分（約二四万円）で購入したという。銀吾が窃盗の容疑で捕らえられたことを聞き、自分が買った刀も盗品ではないかと疑ったのである。

実は、吉三郎が質入れした脇差と佐助が購入した刀は、昨年四月一日に旗本杉江《すぎえ》勘兵衛《かんべえ》の屋敷から盗まれたものであった。この事件の犯人も山田銀吾であった。

山田銀吾一件の結末

寛政一〇年（一七九八）三月十四日、南町奉行所へ山田銀吾一件の関係者として、徒士の石崎弥一右衛門・小野佐助、足軽の岩崎幸右衛門・森助八、中間の吉三郎・新六の六名が呼び出され、取り調べがおこなわれた。吉三郎と新六を最初に呼び出したのは北町奉行所であったが、同一人物による犯行と判明し、合わせて南町奉行所が担当することになった。

二一日には奉行所の御白洲《おしらす》に六名と関係する質屋が集められ、それぞれの供述調書が読み上げられた。

弥一右衛門は、以前から銀吾は三河屋藤八と紀伊国屋伊兵衛へ質入れすることがあり、自分が証人になっていたこと、一月二九日に銀吾から衣類二品の質入れを依頼され、伊兵衛方へ持参し代金一分二朱（約三万六〇〇〇円）を受け取って銀吾へ渡したこと、銀吾がそれ以外の品も藤八・伊兵衛方へ自分を証人として質入れしていることは全く知らなかったことを証言した。

佐助は、去年四月上旬に銀吾が刀を持参し、親の代から所持しているものだが、金が必要なので安くするから買ってほしいと頼まれ、代金二両二分で買い取った。しかし銀吾が捕らえられたことで、この刀も盗品ではないかと疑って申し出たところ、捜査の結果この刀は昨年四月一日に銀吾が旗本杉江勘兵衛の屋敷から盗み取ったものと判明し、驚いていると証言した。

吉三郎は、昨年十二月三日に徒士の粕谷啓助（当時はすでに死亡）から脇差を渡され、急に金が必要になったので質入れしてほしいと依頼された。これは問題ないだろうと判断し、無断で証人として新六の名前を使って彦七方へ質入れし、受け取った代金一分・銭二〇〇文（約二万九〇〇〇円）を啓助へ渡した。二月二四日に北町奉行所へ呼び出され、その脇差が昨年四月一日に旗本杉江勘兵衛の屋敷から盗み取られたものであることを知ったと証言した。脇差が銀吾から啓助の手に渡った経緯は明らかにされていない。

四月十一日、南町奉行所で一連の窃盗事件に関わる処罰が言い渡された。

まず、二件の窃盗事件の犯人である山田銀吾は死罪に値するが、すでに牢屋敷で死亡しており、その儀には及ばないとされた。死亡に至った経緯は説明されず、単に「病死」とのみ伝えられた。山田家を取りつぶすかどうか、身内の扱いをどうするかについては、吉田藩の家法どおりにして良いとされた。後日、山田家は取りつぶしが決定し、家財は没収され、銀吾の養祖母は森助八へ引き取られた。

石崎弥一右衛門は、盗品と知らなくても出所を確認しなかったのは、武家奉公する身分として不届きであるとされ、江戸払に処された。小野佐助は特段不注意なことはないとされたが、銀吾から買った刀は紛失物であるため没収された。岩崎幸右衛門は、石井小十郎から相談があった時点で役人たちへ報告するべきであったが、それを怠ったのは不束《ふつつか》であるとして急度叱《きっとしかり》を言い渡された。森助八は、息子である銀吾の言い分を信用して脱藩させてしまったのは不束であるとして、同じく急度叱を言い渡された。中間の吉三郎は、弥一右衛門と同様の理由で武家奉公の禁止を言い渡され、吉田藩からも解雇された。

同十三日、町奉行所からの処分とは別に、幸右衛門と助八へ吉田藩として押込《おしこめ》の処分が言い渡された。加えて、事件とは無関係だが日頃のおこないが悪い徒士四人に対し、永の暇や押込が言い渡された。便乗処罰としか言いようがないが、それだけ徒士たちの風紀が乱れていたのであろう。また、日頃から徒士の取り締まりが不十分であるとして、徒士頭たちもきついお叱りを受けることになった。

果てしなき仇討ち

自らの意思ではなく、脱藩を選択せざるを得ない状況になることもあった。延享《えんきょう》二年（一七四五）一月二六日、坊主頭《がしら》の石川三清《いしかわさんせい》が部下の茶坊主角田伝夕《かくたでんゆう》に殺害されるという事件が発生し、伝夕は行方をくらました。そこで、三清の息子常栄《じょうえい》と弟の五助《ごすけ》が仇討《あだう》ちのために脱藩した。

仇討ちとは、父や兄など目上の人物を殺害した相手に対し、私刑として復讐する制度である。幕府に届け出て「公儀御帳」に記載されれば、討ち手は仇《かたき》を討つことが公的に認められたことになる。ただし、仇を討つまでは各地を移動することになるため、藩士の場合は俸禄を返上して脱藩させられた。そして見事本懐を遂《と》げた暁には、再び藩士として返り咲き、家名を再興することができた。

しかし仇討ちの成功率はかなり低く、仇の居場所を突き止めることすら困難を極めた。常栄と五助も伝夕を捜して各地をまわったが、その生死すらもわからなかった。日々の暮らしにも行き詰ったため、五助は宝暦六年（一七五六）三月の万松院（松平信祝）の法事に合わせ、平林寺を通じて吉田藩への帰参を願い出た。なお、息子である常栄は引き続き仇討ちを続けるとした。

五助の願いに対する吉田藩家老水野小一《こいち》右衛門《えもん》の返答は「罪を犯して脱藩した者とは違って大望があり、それが成就するまで帰参は認められない」というもので、あえなく却下されてしまった。その後「江戸日記」に彼らの記述は出てこないため、本懐成就とはいかなかったのであろう。見事仇討ちを成功させた者は、拍手喝采を浴びて名誉を回復することができたが、そうした一握りの栄光の裏には、石川五助らのように果てしなく彷徨《さまよ》い続けて消えていった者たちが大勢いたのである。

戻らなかった囚人

ここからは江戸藩邸を舞台にしたさまざまな事件を見ていこう。

宝暦一〇年（一七六〇）二月六日、神田旅籠《はたご》町の足袋《たび》商明石屋《あかしや》から出火し、北西の強風にあおられて日本橋や深川あたりまで延焼した。伝馬町の牢屋敷も類焼し、囚人たちが一時的に解放された。これは「切り放《はな》ち」と呼ばれ、後日きちんと牢屋敷に戻れば減刑されたが、戻らない場合は死罪とされた。

この時切り放された囚人の一人に、清八《せいはち》という無宿者《むしゅくもの》がいた。彼は越後《えちご》村松《むらまつ》藩主堀丹《たん》波守《ばのかみ》の江戸藩邸に忍び込んだところを捕らえられ、牢屋敷に収容されていた。

火事から二日後の八日夜、清八の姿は吉田藩の谷中下屋敷にあった。藩士村尾左伝次《むらおさでんじ》の長屋の戸の掛金《かけがね》錠を外して忍び込み、錠を下ろし忘れていた土蔵のなかから刀・脇差、小袖や羽織などの衣類十四品、上田紙（鼻紙）、鼻紙袋を盗んでいった。

清八は盗品のうち、袴と上田紙を神田三河町の平助《へいすけ》方へ持ち込んで売り払おうとしたところ、怪しんだ平助により捕らえられた。質屋や古着屋などは盗品が持ち込まれる可能性があるため、日頃から持ち込まれた品が盗品かどうか警戒し、犯罪者の捕縛にも協力していたのである。

牢屋敷へ戻らず、さらに罪を重ねた清八は、同年八月十八日に火罪《かざい》（火あぶり）に処せられた。盗品のうち、すでに古着屋に売り払われたものも多かったが、残ったものは村尾左伝次に返却された。

侵入者を捕まえろ

明和八年（一七七二）六月二三日の暮六つ半時（午後七時頃）、谷中下屋敷内の長屋に住む阿部喜藤次《あべきとうじ》・篠塚弥太夫《しのづかやだゆう》・田代伴蔵《たしろばんぞう》という三人の足軽が、話をするために伴蔵の長屋に集まった。半時（約一時間）ほどして喜藤次が自分の長屋へ帰ると、茶釜がなくなっていることに気づいた。不審に思って伴蔵や同じ足軽の早瀬源八《はやせげんぱち》の長屋を訪れ、このことを話すと、伴蔵は夜で暗いからもっとよく探したらどうか、源八は子どものいたずらではないかと答えた。再び喜藤次が長屋へ戻ると、今度は飯釜がないことに気づいた。

これは盗っ人の仕業に違いないと感じた喜藤次は、弥太夫・伴蔵・源八に声をかけ、屋敷内を見廻ることにした。喜藤次は馬場のあたり、弥太夫は馬場通りの長屋前から表門方面、源八は裏門方面を探し、伴蔵は幼子を寝かしつけるためしばらく長屋に留まった。

弥太夫が表門へ行くと、くぐり戸の方で物音がしたが、犬でもいるのかと思って通り過ぎた。しかし少し歩いたところで後ろから足音が聞こえたため振り返ると、暗闇でよく見えないものの、表門脇の杉垣あたりに大男が立っていることに気づいた。「何者か！」と声をかけて捕まえようと組み合っていると、騒ぎを聞きつけた喜藤次が来て二人がかりで押さえ込んだ。さらに源八もやってきて、喜藤次の長屋の前まで連行し、弥太夫が所持していた縄をかけた。そこへ伴蔵も現れ、不審者が大男であったため本縄（罪人の正式な縛り方）にかけ直して逃走を防いだ。

捕らえられた大男は、直ちに者頭や目付による取り調べを受けた。その結果、喜八《きはち》という五六歳の無宿者で、以前中島仲右衛門《なかじまなかえもん》の名前で吉田藩の足軽を務めていて脱藩した者であると判明した。供述によれば、喜八は長く病気を患って故郷で養生していたが、体調が良くなったので奉公や商いをしていた。昨年春から今年の春まで浅草新堀通りの寺に勤めていたが、その後は無宿の身となり、食べる物にも困ってしまった。そのため、勝手を知る吉田藩の谷中下屋敷に忍び込んだところ、ちょうど留守の長屋があったので雑具《ぞうぐ》を盗み取り、それを売り払って一日でも生き延びたいと考えたのであった。

この時の喜八の所持品は、銀流しの煙管《きせる》、木綿《もめん》の前掛け、小刀、手ぬぐい、細い縄、鍵四つ、紙煙草入れ、反古紙《ほごがみ》二枚、鼻紙少々、毛抜き、折れた簪《かんざし》であった。所持金はわずか銭十四文（約三五〇円）で、これではかけ蕎麦一杯を食べることもできない。

捕縛した盗賊喜六の処遇は、留守居から老中へ伺いをたて、南町奉行の牧野成賢《しげかた》へ引き渡された。その後喜六がどうなったかは、吉田藩と関わりがないため「江戸日記」には記されていない。

当時の江戸では、喜六のように生活が行き詰ってしまった困窮者による犯罪が増加していた。牧野成賢は、彼らを救済して社会復帰させるための仕組みが必要であると認識し、安永九年（一七八〇）に深川茂森町《ふかがわしげもりちょう》へ無宿養育所を設立した。残念ながらこの養育所は長続きしなかったが、その理念は寛政の改革による人足寄場《にんそくよせば》の設置へと継承された。

後日、侵入者を捕縛した四人の足軽には、藩から褒美が与えられることになった。最初に盗賊と相対して一番手柄の名誉を得た篠塚弥太夫には銭一貫文《かんもん》（約二万四〇〇〇円）、盗賊を取り押さえた阿部喜藤次と早瀬源八には銭七〇〇文（約一万七〇〇〇円）ずつ、盗賊に本縄をかけた田代伴蔵には銭五〇〇文（約一万二〇〇〇円）が与えられた。

吉田藩の江戸藩邸を舞台にした窃盗事件は度々発生しているが、犯人が外部の者である事例は少ない。脱藩者の事例でも見たように、圧倒的に内部の犯行、あるいは以前藩邸に居た経験があり勝手を知った人物の犯行である。盗品は衣類や刀剣類が多く、質入れして現金化するのが目的であった。ただし、特徴的な盗品はすぐに足が付き、犯人の特定につながった。

消えた大金

窃盗事件の定番（？）といえば、やはり大量の現金が思い起こされる。芝居や講談などで義賊として描かれる鼠小僧次郎吉《ねずみこぞうじろきち》は、江戸の武家屋敷ばかりを狙って大金を盗んだことで知られる。鼠小僧の活動時期よりも二〇年ほどさかのぼるが、吉田藩の江戸藩邸でも大金が盗まれる事件が発生した。

文化元年（一八〇四）五月二三日夜、吉田藩上屋敷内の大納戸《おおなんど》預かり土蔵の前にある竹戸の錠前が落ち、土蔵の錠前も落ちて戸が開いているのが発見された。大納戸は藩の公金を管理する財務系の役職である。

三人の大納戸が急いで土蔵のなかを改めると、担ぎ棒が抜けた両掛挟箱が見つかった。そのなかには本来金四四一両一分二朱（約四二〇〇万円）が入っているはずだが、確かめると金一七四両（約一七〇〇万円）がないことが判明した。

この大金盗難事件により、大納戸三人と事件当日の警備責任者である者頭は藩主への目通り停止を言い渡された。さらに当日の夜間見廻りを担当していた拍子木番と火の番の足軽は、しばらくの間定番《じょうばん》を命じられた。定番とは常に番をすることで、定められた期間内は休むことが許されなかった。

この事件を受けて、上屋敷では当分の間警戒を強化した。門を出入りする際には目付が発行した通行証を提出することを義務付け、裏門には徒目付を常置して出入りする人々を改め、夜間には見廻りの人数を増員した。

二五日には留守居が南北の町奉行所へ金一七四両が盗まれた被害届けを提出した。吉田藩にとっては恥も外聞もなく金を取り戻したかったところだが、結局窃盗犯は見つからなかった。

ちなみに、先述の鼠小僧次郎吉は吉田藩の江戸藩邸でも盗みをはたらいたことを自白している。「鼠賊白状記《そぞくはくじょうき》」（国立公文書館蔵）によれば、次郎吉は天保《てんぽう》元年（一八三〇）のとある日の夜中に藩邸の裏の塀を乗り越えて侵入し、奥向《おくむき》へ忍び込んで小箪笥《こだんす》の錠前をこじ開け、引き出しのなかから金四〇両を盗んだという。この年の「江戸日記」が現存しないため、裏付けがとれないのが残念である。

忍び込んだ逃亡者

文政《ぶんせい》一〇年（一八二七）五月十九日の夕刻、谷中下屋敷内の見廻りをしていた足軽内川《うちかわ》三蔵《さんぞう》は、菜園の垣根を乗り越える怪しい人影を見つけた。声をかけると逃げ出したので、下目付へ報告し、徒目付二人・下目付二人・中間二人が加わって屋敷内を捜し回ったが、侵入者の行方はわからなかった。それから間もなく、裏門の番人が怪しい者を見つけて捕らえたという知らせが入った。

侵入者は長屋の空き部屋へ入れ、番人を付けておいた。目付による取り調べの結果、この者は音羽《おと》桜木町《わさくらぎ》に住む丑五郎《うしごろう》と判明した。去る十六日に浅草観音の境内で火付盗賊改方に捕らえられ、根津《ねづ》の自身番所（町人地に設けられた番所）へ預けられていたが逃亡し、谷中下屋敷に隣接する天眼《てんげん》寺の垣根を乗り越えて忍び込んできたのであった。

翌日、留守居の三輪十郎兵衛が火付盗賊改方頭の松平忠房《ただふさ》の屋敷へ報告したところ、忠房は風邪で臥《ふ》せっており、代わりに用人《ようにん》の大橋源蔵《おおはしげんぞう》が対応した。源蔵からは「お手数を懸けて申し訳ない。今晩にも組の者を遣わして丑五郎の身柄を受け取りたいが、夜中では却ってご面倒になるため、明朝組の者を遣わすのでお引き渡し下さい」との返答があった。

翌日四つ時（午前一〇時頃）過ぎ、谷中下屋敷へ火付盗賊改方の与力と同心が訪れたため、丑五郎の身柄を引き渡した。

解雇された被害者

宝暦十二年（一七六二）十二月二二日、中小姓の渡辺彦市《わたなべひこいち》は体に痛みがあったことから、谷中下屋敷内の自身の長屋で臥せっていた。暮六つ時（午後六時頃）、辰五郎《たつごろう》（藩主信復《のぶなお》の次男）附の加藤七蔵《かとうしちぞう》が突然やってきて、一言も言わずに彦市の右肩先へ斬りかかってきた。彦市は七蔵を捕らえるため袖をつかもうとしたが、左手を斬りつけてきたため、今度は右手でつかもうとしたところ転んでしまい、七蔵を取り逃がしてしまった。

この襲撃により、彦市は右肩先に深さ一寸（約三センチメートル）、長さ三寸（約九センチメートル）、左手小指の下に深さ五分（約一・五センチメートル）、長さ三寸の傷を負った。なお、彦市には七蔵に襲われるような心当たりは一切なかった。

彦市は隣家の藤倉峯八《ふじくらみねはち》を訪れ、事の顚末《てんまつ》を説明した。峯八は直ちに裏門と表門へ行き、門番へ七蔵が通らなかったか尋ねると、「母が病気で臥せっているので、薬を買いに行く」と言って表門から出たことがわかった。追跡を諦めて長屋へ戻った峯八は、彦市と同役の村尾左伝次へ事件を知らせ、藩医を呼んで彦市を治療させた。

七蔵の父で奥番士の加藤弥野右衛門《かとうやのえもん》は、暮時に銭湯から帰り、自宅で月代《さかやき》を剃《そ》っていたところへ峯八がやってきて、事件を知らされた。七蔵が逃げ出したことも聞き、外出するのも如何《いかが》なものかと思い、そのまま自宅で謹慎することにした。

この日、七蔵は当番で谷中下屋敷内の御殿へ出勤していたが、七つ半時（午後五時頃）に夕食のために一旦持ち場を離れた。暮時を過ぎても戻らないため、同僚の柴田覚之進《しばたかくのしん》が不審に思っていると、弥野右衛門から「ちょっと会いたい」と使いが来たため、訪問したところ刃傷《にんじょう》事件のことを知らされた。

事件後、渡辺彦市はむざむざ相手を逃がしてしまったのは不調法《ぶちょうほう》であるとして、永の暇を与えられてしまった。被害者であるにもかかわらず解雇処分を言い渡されるとは、いくら何でも厳しすぎると思われるかもしれないが、一方的にやられただけということは、武士としてあるまじき醜態をさらしたと判断されても致し方なかった。

その後の彦市は、藩主家の法事に合わせ、明和七年（一七七〇）四月と安永三年（一七七四）九月に帰参を願い出たが二回ともあえなく却下された。安永六年一〇月にグレードを下げて願い出た江戸藩邸への出入りは許されたものの、再び吉田藩士に返り咲くことはなかった。武士の世界は厳しい……。

殺された人妻

寛政十一年（一七九九）九月十五日夜六つ半時前（午後七時頃）、谷中下屋敷内の長屋に住む下目付の畔野軍八《あぜのぐんぱち》は、騒々しい物音に気づいて自宅の外へ出た。すると、そこには足軽宮本喜太郎《みやもときたろう》の妻が血を流して倒れていた。何があったのか問いかけても一向に返事はなく、直ちに喜太郎宅へ運び込んだ。

軍八は付近を見廻って犯人を探したが、それらしい人物は見当たらなかった。しかし、現場には抜き身の刀と鞘《さや》、脇差の鞘が落ちており、側には血だまりができていた。刀の切っ先には血が付着し、曲がっているのが確認できた。

喜太郎の妻は駆けつけた藩医の診察を受けたものの、すでに死亡していた。傷を確認したところ、後頭部に長さ二寸ほど（約六センチメートル）の切り傷、左足の膝下に長さ六寸ほど（約十八センチメートル）の深い切り傷があり、これらが致命傷になったと診断された。

これと同じ時刻、足軽の前田紋治《まえだもんじ》が自宅で死亡しているのも発見された。検視の結果、腹に長さ五寸ほど（約十五センチメートル）の刀傷、咽《のど》に突き傷、左の臍下《へそした》に長さ三寸ほど（約九センチメートル）の刀傷があった。また、枕元には血が付いた抜き身の脇差があり、現場の状況からこの脇差で自害したと判断された。

喜太郎の妻の襲撃現場には脇差の鞘だけがあったことから、紋治が自害に使った脇差の鞘がこれではないかと思われた。念のため、徒目付が紋治の同僚に現場にあった刀と脇差を見せると、すべて紋治の物に間違いないという答えが返ってきた。

この殺人事件の捜査を担当した徒目付は、前田紋治が宮本喜太郎の妻を襲って殺害し、その後自宅で自害したと結論付けた。紋治は二六歳で、喜太郎の妻は二七歳。徒目付は二人が昵懇《じっこん》な関係だったのかも調べているが、この一件を記した「勤要録《きんようろく》」では、その記録を省略しているため、事件の背景はわからない。

子どもを放置した子ども

明和七年（一七七〇）二月二三日、谷中下屋敷に住む足軽光山利右衛門《みつやまりえもん》が世話をしている八歳の男子が、足軽寺沢忠太夫《てらさわちゅうだゆう》の六歳の息子を連れ、上屋敷へ行くと言って表門から出ていった。しばらくして上屋敷に到着したのは、光山家の男子一人だけであった。

息子が行方不明になったことを知った忠太夫は、方々を捜しまわり、辰ノ口にある水野出羽守《でわのかみ》の屋敷近くの辻番所で保護されていることを突き止めた。光山家の男子が、忠太夫の息子を辻番所近くに放置していたのである。道中で喧嘩《けんか》し、思わず一人で先に行ってしまったのだろうか。

忠太夫が辻番所に「私の息子だから渡してくれ」と頼んだが、水野家の役人は「こちらの者が付き添って谷中の御屋敷まで届ける」と言って渡してくれなかった。その後、忠太夫の息子は駕籠《かご》に乗せられ、水野家の徒目付と下目付により谷中下屋敷の門前まで送り届けられた。藩同士のやり取りであるため、水野家としてもその場で子どもを返すことはできず、筋を通さざるを得なかったと考えられる。

翌日、二人の保護者が処罰され、忠太夫は二〇日間、利右衛門は一〇日間の定番を命じられた。また、子どもだけで門の通行を許した門番二人には、過料（罰金）三〇〇文（約七〇〇〇円）ずつが科された。世話になった水野家の家臣と辻番人には、吉田藩から謝礼が渡された。

井戸に落ちた中間

江戸藩邸のなかには、生活に欠かせない水を汲むための井戸が設置されていた。この井戸から汲み上げる水は地下水ではなく、江戸の街の地中に張り巡らされていた上水道を流れている水である。

深くて暗い井戸は、「皿屋敷」に出てくるお菊さんのような怪談噺《ばなし》の舞台になっていることから、怖いイメージを持っている方も多いだろう。実際に転落事故・身投げ・殺人といった事件や事故の現場になることもあり、吉田藩の江戸藩邸でも井戸に人が落ちた事例が数件確認できる。

普請方《ふしんかた》の風見武兵衛《かざみぶへえ》が住む吉田藩上屋敷の長屋の向かいに井戸があった。安永七年（一七七八）二月二〇日の早朝、その井戸へ水を汲みに来た者がなかに何かが浮かんでいるのを見つけ、武兵衛へ知らせてきた。武兵衛が井戸を覗き込んでみると、人の死体が浮かんでいるのが見えた。慌てて同僚の武谷数右衛門へ知らせ、目付へも届け出た。目付の指示で死体を引き上げると、それは先月から働きはじめたばかりの伝吉《でんきち》という中間であった。伝吉の遺体に傷はなく、同僚の中間たちへの聞き取りでも普段と変わったことはなかったということで、事故として処理された。遺体は中間部屋の脇へ置かれ、昼過ぎに呼び出しを受けた身元引受人の川越屋《かわごえや》沖右衛門《おきえもん》へ引き渡された。

江戸藩邸で働く足軽や武家奉公人（中間）が暮らす足軽部屋・中間部屋は、それぞれの部屋頭が幅を利かせ、町奉行や人宿《ひとやど》も手出しできない治外法権的な存在であった。著名な部屋頭としては、火付盗賊改方の屋敷で賭場《とば》を開いた三之助《さんのすけ》、幕末に京都の会津《あいづ》藩邸で働いた侠客《きょうかく》「会津の小鉄《こてつ》」として知られる上坂仙吉《こうさかせんきち》などがいる。

新入りや地方から出てきた中間が部屋頭や先輩の中間に虐《いじ》められることもあり、今回の伝吉の死亡が本当に単なる事故だったのかは疑わしい。ただし「江戸日記」にはそうした憶測や噂話《うわさばなし》、脚色が加えられることはなく、淡々と事実関係だけが記述されている。

賭場になった足軽部屋

足軽部屋や中間部屋のなかでは博奕《ばくち》がおこなわれ、負けて身ぐるみを剝《は》がされた奉公人が逃げ出すことがあった。幕府による博奕禁止令も度々出されてはいたが、雇い主の武家としても奉公人がいなくなっては困るため、こうした違法行為の取り締まりは不十分であった。江戸藩邸内でおこなわれる博奕は、時代小説や時代劇の題材として取り上げられることも多く、お決まりの光景の一つと言えるだろう。

吉田藩の江戸藩邸でも博奕がおこなわれていたが、享和《きょうわ》元年（一八〇二）二月二八日に目付による取り締まりを実行した。吉田藩主は時の老中首座松平信明《のぶあきら》であり、自分の足元での違法行為を捨ておくわけにはいかなかった。

賭場になっていたのは者頭井口才兵衛《いぐちさいべえ》配下の足軽部屋で、首謀者は星野勝蔵《ほしのかつぞう》という足軽であった。勝蔵は刀と脇差を没収され、武家奉公禁止の処分を言い渡された上で門前払いとなって追放された。博奕に参加していた御供廻《おともまわり》中間四人も、同様に武家奉公禁止の上で門前払いとなった。厩《うまや》中間の専蔵《せんぞう》は、派遣元の小倉屋半兵衛に引き渡された。

この博奕の現場にはほかの武家屋敷で働く中間もいたはずだが、「江戸日記」に彼らの姿は出てこない。

金をゆする足軽

現在の宝くじのルーツと言えるのが「富くじ」である。寺社の修復費用という名目でおこなわれ、幕府が公認するものもあった。なかでも目黒不動尊、湯島天神、谷中感応寺《かんのう》（後に天王寺）は江戸の三大富くじとして有名であった。特に感応寺は吉田藩の谷中下屋敷からも近く、吉田藩士たちにとっても身近な富くじと言える。

文政九年（一八二六）四月一日、北町奉行榊原忠之《さかきばらただゆき》は吉田藩に対して足軽宮野源蔵《みやのげんぞう》を奉行所へ連れてくるよう通達した。呼び出し理由は、富くじが興行されている寺社で金をゆすり取り、その金を使った容疑である。翌日、者頭と留守居に連れられて出頭した源蔵は、奉行直々に一通り尋問され、取り調べ中の入牢を命じられた。

八月六日、吉田藩は北町奉行所から源蔵が病死したことを知らされる。過酷な取り調べや牢屋敷の環境に耐えきれなかったのであろう。源蔵の遺体はその日の夕方に吉田藩へ引き渡された。

翌七日、源蔵が取り調べ期間中に病死したことを受け、幕府の寺社奉行を務めていた吉田藩主松平信順《のぶより》は、御役筋に関わるとして老中へ謹慎を申し出た。源蔵は寺社奉行配下の寺社同心を務めており、寺社を統制する側の者が富くじ興行の場でゆすり行為を働くというのは、立場上からも許されないことであった。ただし、信順の謹慎伺いは、その必要はないと判断されて即日却下となった。

事件対応マニュアル

ここまで吉田藩の江戸藩邸を舞台にしたさまざまな事件を紹介したが、こうした事件に対処する目付は、事件の種類ごとの対応マニュアルを持っていた。江戸時代後期に目付を務めた大嶋左源太《さげんた》のマニュアルには、次の四一項目が挙げられている。

家来手討ちの事、侍乱心自害の事、侍遁世《とんせい》の事、侍逐電の事、侍乱心人を殺《あや》め候《そうろう》事、侍喧嘩の事、長屋向き出火の事、足軽喧嘩の事、足軽乱心自害の事、侍分の者坊主・足軽を手討ちに致し候事、取り籠《こ》め者の事、駆け込み者の事、御詮議者大小取り候事、御詮議者公儀へ出し候事、手負い・死人の事、中間・又者《またもの》成敗の事、変死者取り置き候節寺より証文取りに来たり候節の事、家中の内へ雷落ち候事、徒《かち》・徒格《かちかく》欠落《かけおち》逐電の差別、改易追放追払の差別、手負い・死人取り置きの事、誤り証文の事、閉門の事、急養子願いの事、科人《とがにん》入出牢並びに死罪の事、諸博奕の事、盗賊の事、謀計の事、科人隠し候者の事、下手人《げしゅにん》の事、酒狂並びに暴れ者の事、重科の者並びに其の子親類等の事、重科人病死塩詰めの事、裁許破り並びに追放立ち帰り者の事、赦《ゆる》しの上悪事致し候者の事、科これ有る欠落者の事、男女相対死《あいたいし》の事、年貢滞り候者の事、借金銀出入りの事、質地《しっち》出入りの事、箱訴状取扱いの事対応事例は多岐に及んでいるが、いくつか具体的に紹介しよう。

「家来手討ちの事」は、藩士が自分の家来を手討ち（殺害）にすることである。目付が家老へ提出する口上書には、手討ちをした藩士の名前、いつ誰の届け出により徒目付の誰を連れて現場へ行ったのかを書き上げた。さらに、手討ちにされた家来の遺体を改め、傷の程度を詳細に書き上げ、あわせて武家奉公人かどうか、在所・年齢についても確認した。

現場に駆けつけた関係者からも供述調書をとったが、その範囲は以前から親しくしていた者、同役、親類縁者、隣や向かいなど近所に住む者である。当事者の藩士に父や子がいれば彼らからも調書をとった。小姓頭の支配下にある藩士であったとしても取り調べは目付が担当し、書面は近習目付も連名で書いた。

「侍逐電の事」は、すでに複数の脱藩事例を紹介しているが、改めてマニュアルを確認してみよう。行方がわからなくなった藩士がいる場合は、「誰がいつから見えなくなったため、心当たりの場所を捜したが見つからなかった」ということを、誰がいつ届け出たのかを記録した。報告が上がった時点で家老衆へ知らせ、そのあとで徒目付を連れて当該藩士の長屋を調査した。供述調書は家族・同僚・隣近所の者から集め、脱藩当日の門番、当該藩士に家来がいればその者からも調書をとった。さらに、徒目付が家財道具の一覧を書き上げて提出した。もし書き置きがあれば、その内容も記録した。

遁世と逐電は紛らわしいが、刀・脇差に加えて元結《もとゆい》の際《きわ》から切り落とした髪と、脱藩理由を記した書き置きが残されていれば出家したと見なされ、遁世として扱われた。たとえ髪があっても書き置きがなければ、それは逐電として処理された。

「手負い・死人の事」では、徒目付が到着するまでは、彼らの身体に付いた血をふき取ってはいけない、刀や脇差に付いた血もふき取ってはいけない、刀や脇差が曲がっていたとしても、もとに戻してはいけない、着衣の乱れを直してはいけない、負傷者に薬を与えてはいけない、といった禁止事項があった。

また、負傷者が目を回していたとしても、湯水や重湯《おもゆ》をみだりに与えることは禁止した。元気になって食事や飲み物を所望した場合でも、酒はもちろん、粥《かゆ》と湯漬け以外を与えるのは禁止されたが、飢えているようであれば、冷や飯に焼き味噌か花鰹《はながつお》を付けたもの、あるいは干鯛・キス・サヨリなどの魚のほぐし身を少量なら与えても良いとされていた。

目付は働き盛りの有能な人材が配置される花形ポストであるが、この対応事例の多さだけを見ても、彼らの苦労のほどがうかがい知れるだろう。

第四章　江戸藩邸の奥向

「表向」と「奥向」

江戸時代の女性というと、時代劇やマンガなどで取り上げられる機会が多い江戸城の「大奥」で働く女性たちを思い浮かべる方も多いだろう。大奥といえば、徳川将軍以外は男子禁制で、華麗に着飾った約一〇〇〇人の女性たちが暮らし、外界との接触を禁じられた閉ざされた空間……そんなイメージで語られてきたが、近年の研究で、大奥を支える男性役人の存在や大奥が持つ政治的な役割など、従来のイメージとは異なる事実が示されている。

その背景には、歴史研究の流れのなかで、女性史やジェンダー論の観点からの研究が進展してきたことがある。大奥に関する研究のみならず、大名家の奥向《おくむき》にも関心が向けられるようになり、大奥と大名家の奥向が交流を持っていたことや、大名家の奥向の職制、奥向で働く男性役人の役割なども明らかにされてきた。本章では、江戸藩邸を語る上で欠かせない要素である「奥向」について、三河吉田藩の史料をもとに、その実態に迫りたい。

本題に入る前に、近世武家社会の奥向について研究している福田千鶴氏が示された定義をもとに、「表向《おもてむき》」と「奥向」の違いを整理しておこう。

江戸藩邸を含む武家屋敷の御殿は、政務・儀礼・接客をおこなう「表向」と、プライベート空間である「奥向」に分かれていた。言い換えれば、「表向」とは当主が「外」と接する空間であり、「ハレ」（非日常）の場である。一方の「奥向」は当主が日常生活を営む「内」の空間であり、「ケ」（日常）の場と言える。さらに、「奥向」は性的役割分業のもと、男性の当主が日常を過ごす「表方《おもてかた》」と、正室などの女性を中心とする「奥方《おくかた》」に分けられていた。「表方」と「奥方」の境界には錠口《じょうぐち》が設置されて出入りが厳しく制限され、相互に閉鎖的な空間として機能していた。江戸城の「大奥」は、「奥向」の「奥方」に該当する。大名家の場合でも「奥方」を「大奥」と呼称することがあった。

吉田藩の江戸藩邸に当てはめれば、「表向」は小書院・家老たちが詰める御用所《ごようしょ》などの表向役人の詰所、「奥向」の「表方」は居間書院・居間・寝所および小姓頭《こしょうがしら》を頂点とする奥向役人の詰所、「奥向」の「奥方」は妻子の居間・寝所・女中部屋（長局《ながつぼね》）などと整理できる。

妻と妾

武家社会で一夫一妻の原則が明文化されたのは、慶長《けいちょう》二〇年（一六一五）七月に発布された武家諸法度（元和《げんな》令）である。これにより大名が私的に婚姻を結ぶことが禁止され、将軍の許可を得ることが義務付けられた。徳川幕府は、婚姻を管理することで大名同士の血縁関係の広がりを制限したのである。一夫一妻の原則は大名以外の武家にも適用され、第二章で見たとおり、吉田藩士が婚姻する場合は藩主の許可を得なければならなかった。

とはいえ、本妻が男子を産むとは限らず、一夫一妻制のもとで世襲制を維持して無嗣断《むしだん》絶《ぜつ》を避けるには限界がある。大名はもちろん、一夫一妻制を採用した徳川将軍家でさえ本妻以外の妾《めかけ》に子を産ませるようになった。こうなると、公には秘匿されていた妾の存在が次第に黙認されるようになり、享保《きょうほう》年間（一七一六～三六）には幕府が妾を妻として置きなおすことを認めるに至った。

大名の妻と妾は、正室と側室として理解されることがあるが、妾をすべて側室と捉えるのは誤りである。「室」とは貴人の妻の尊称であり、公的な妻は江戸にいる正妻である「正室」一人だけであった。しかし、国元に置かれた「御国御前《おくにごぜん》」のように、妾のなかから実質的に妻としての扱いを受ける者があらわれ、「側室」と呼ばれるようになった。「側室」を含む妾の格式や呼称は、同じ大名家でも時期による変化が見られるが、概ね十八世紀後半以降に妾に関する制度が整えられていった。

松平伊豆守家の正室

松平伊豆守家では、譜代大名の家と縁組することが多かった。初代信綱《のぶつな》は井上正就《まさなり》（遠江横須賀藩主）の娘お京《きょう》（隆光院《りゅうこういん》）、二代輝綱《てるつな》は板倉重宗《しげむね》（下総関宿藩主）の八女慶姫《けいひめ》（法覚院《ほうがくいん》）、後に重宗の十一女鶴姫《つるひめ》（龍泉院《りょうせんいん》）、三代信輝《のぶてる》は井上正任《まさとう》（常陸《ひたち》笠間藩主）の娘定姫《さだひめ》（貞照院《ていしょういん》）を正室に迎えている。ここまでは一夫一妻の原則が徹底されており、正室が存命時に誕生した子はすべて正室が産んだことになっている。

信綱には六男六女の子がいたが、五男四女は正室が産んだとされ、妾が産んだとされているのは正室が亡くなった寛永《かんえい》十三年（一六三六）以降に生まれた一男二女のみである。

輝綱は板倉重宗の八女と縁組したが正保《しょうほう》三年（一六四六）に死別し、承応《じょうおう》三年（一六五四）に重宗の十一女を後妻に迎えた。輝綱の子は七男五女であったが、妾が産んだとされているのは、後妻を迎える前に生まれた諏訪姫《すわひめ》ただ一人である。

信輝の子は一男一女で、二人とも正室が産んだとされている。信輝は二七歳で正室と死別したが、後妻を迎えることはなかった。

ここまで「〜とされている」という曖昧な表現をしつこく繰り返してきたのは、正室が産んだ子とされていても、出産間隔が不自然な例があり、実際は妾が産んだ可能性が否定できないためである。特に江戸時代の初め頃は、妾から生まれた子であっても、幕府から認められて婚姻関係になった正室から生まれたように取り繕う必要があった。他の大名家でも、系図上は正室が数多くの子を産んだことになっている例が見られる。

嫁入りした正室は、藩内から敬称で呼ばれることになり、夫が嫡子《ちゃくし》の場合は「御新造《ごしんぞう》様《さま》」、夫が藩主の場合は「奥様」と称された。藩主家の慶事や弔事があると、役人以上の藩士たちは藩主だけでなく正室にも書状を提出し、役人以下の藩士たちは帳簿に記名することで祝意や弔意を示した。

夫の没後は谷中下屋敷内の御殿へ移り住み、院号を称して「○○院様」と呼ばれた。没後は松平伊豆守家の菩提寺である野火止平林寺《のびとめへいりんじ》に葬られ、夫婦並んで墓碑が建てられた。

松平伊豆守家の妾

藩主家の血筋を守り、世襲制を維持するために「産む性」として必要とされたのが妾である。彼女たちはあくまで大勢いる奥女中の一人という扱いで、基本的に藩主の家族として扱われることはなかった。たとえ藩主のお手付きになったとしても、藩主の子を産まなければ系譜などの記録に残ることもなかった。

松平伊豆守家では、初代信綱から九代信宝《のぶとみ》に至るまで実子への家督相続が続けられた。四代信祝《のぶとき》から八代信順《のぶより》までの間に藩主の実子は七〇人いるが、正室から生まれた子は八人しかおらず、五代信復《のぶなお》以降の当主はすべて妾から生まれている。ただし嫡子（家督相続人）として幕府へ届けられる際には正室の養子となり、公的には幕府から公認された正室の子として扱われた。

四代信祝の正室は酒井忠挙《ただたか》（前橋藩主）の養女種姫《たねひめ》（松泉院《しょうせんいん》）で、長命であったが子を産むことはなかった。十七世紀後半には妾の存在が黙認されるようになっており、信祝の五男十三女の子はすべて妾の子として系図に記されている。

信祝の子を産んだ妾は六人いた。常に国元の三河吉田に置かれた妾が左近《さこん》で、六人の子をすべて吉田で産んだが、巳之助《みのすけ》（後の大多喜《おおたき》藩主松平正温《まさはる》）を産んで一年後の享保十一年（一七二六）に没し、吉田の妙円寺《みょうえんじ》に葬られた。

幕府要職を務めた者が多い吉田藩主は国元に滞在することが少なかったため、松平伊豆守家のうち吉田で生まれた者は十一人しかいない。吉田生まれの子も多くは江戸へ呼び寄せて育てられたため、吉田城内の御殿で藩主の家族が暮らすことはほとんどなかった。

五代信復の生母になったのが、五人の子を産んだ狭妻《さやま》である。最後の子を産んだのは、最初の子である信復を産んでから二三年後で、当時としてはかなりの高齢出産であったと思われるが、それだけ信祝の寵愛《ちょうあい》を受けていたのであろう。

信祝の没後、狭妻は院号を名乗ることが許されて清涼院《せいりょういん》と称した。他の信祝の妾は院号を名乗っておらず、藩主生母として別格の扱いを受けたのである。宝暦《ほうれき》五年（一七五五）九月には、清涼院が江戸藩邸の門を通行する際に門番が下座することが義務付けられた。この通達は以降の藩主生母たちにも適用され、藩主生母の地位の変化を知る上で画期になった出来事と言える。

安永《あんえい》二年（一七七三）に亡くなった清涼院は、松平伊豆守家の早世した庶子が葬られることがある小石川の無量院《むりょういん》へ葬られた。

松平信礼の生母

五代信復は生涯正室を娶《めと》ることがなかった。婚姻の話が出る前に跡継ぎとなる男子が生まれたことで、多額の出費が避けられない婚礼をおこなわずに済ませようとしたとも考えられるが、理由は定かではない。正室がいない一方で、少なくとも三人の妾との間に八男三女をもうけた（早世した男子三人の生母は不明）。

次の藩主となる信礼《のぶうや》を産んだのは蘭《らん》である。信復存命中の宝暦八年（一七五八）九月十八日に吉田で没し、同地の仁長寺《にんちょう》に葬られた。江戸で蘭死去の知らせを聞いた信復は、幕府に対し「私妻、在所において去る十八日夜病死つかまつり候《そうろう》」と届け出た。

ここで注目されるのは、正室を娶ったことのない信復が蘭を「妻」と呼び、その死を幕府へ報告していることである。蘭は御家人の娘であり、譜代大名の正室になれる身分ではなかった。伊豆守家の系譜でも、蘭は「家女《かじょ》」と表記されている。にもかかわらず、なぜ「妻」と呼ばれたのか。

実は、享保九年（一七二四）七月に幕府が出した法令により、事情がある場合には妾を妻に置き換えることが許可されることになっていた。宝暦二年以前の「江戸日記」が現存しないため確かな記録はないが、幕府から認められた正妻がいたことがない者に嫡子（実子）がいることは公的には考えられないため、信礼が嫡子として将軍家重《いえしげ》に初めて拝謁した寛《かん》延《えん》四年（一七五一）より前に、信復が蘭を妻として幕府に届け出ていたことは間違いない。

蘭が亡くなると、吉田藩では藩士たちに対し訃報を知らせ、七日間の鳴物停止《なりものちょうじ》（歌舞・音曲など楽器類の演奏を禁じること）と三日間の普請停止を通達するとともに、信復と信礼へのご機嫌伺いとして惣出仕を命じた。また、蘭を「国香院殿《こっこういん》」と「殿」という敬称を付けて呼ぶことも通達が出された。さらに信礼が藩主になると呼称が「国香院様」と「様」付けに格上げされた。これらは蘭が藩主家の家族並みに扱われたことを示すが、あくまでも没後の待遇であり、生前に家族としての扱いを受けることはなかった。

松平信明の生母

六代信礼《のぶうや》には二男七女の子がいた。早世した長女は生母不明だが、次いで生まれた一男三女は妾の清見《きよみ》が産んだ。信礼の婚姻は宝暦十二年（一七六二）六月で、大名の嫡子としては遅い二六歳の時であった。婚姻後にもうけた一男三女はすべて正室芳姫《よしひめ》（駿河田中藩主本多正珍《まさよし》の養女）が産んだ。なお、七代信明《のぶあきら》は宝暦十三年二月に清見が産んだが、妊娠したのは婚姻前である。

清見は陸奥《むつ》福島《ふくしま》藩士の娘で、もともと谷中下屋敷で働く信礼付きの女中であったが、信明を産んだ年の一〇月に「中老の上」へ昇進し、「奥向の儀惣体引き受け相勤むべし」と申し渡された。信礼が藩主になった翌年の明和《めいわ》六年（一七六九）二月に奥様（芳姫）付きの老女《ろうじょ》に任命されて奥女中のトップの座に就き、岩山《いわやま》と改名して上屋敷へ引っ越した。同年五月に信明が芳姫の養子となって嫡子に立てられると、岩山も「老女の上」に格上げされ、

二〇人扶持《ぶち》を与えられた。（奥女中の職制については183〜184ページ参照）

明和七年に信礼が没すると、奥女中としての職務は御役御免となり、院号を名乗ることが許されて清岩院《せいがんいん》と称した。扶持は五〇人扶持に加増され、谷中下屋敷の御殿内に部屋を与えられた。安永六年（一七七七）に信明が将軍へ初めての拝謁を済ませると、五五人扶持に加増された。天明《てんめい》年間（一七八一〜八九）になって信明が幕政に参加するようになると、藩主の家族へ報告される重要事項が清岩院へも伝達されるようになった。

清岩院に対する破格の扶持の支給や重要事項の伝達は、信復生母の清涼院では見られなかった扱いであり、時代が下るにつれて藩主生母の地位が重くなっていったことがわかる。すると、吉田藩士たちは触書が出ていないにもかかわらず、清岩院のことを「清岩院殿」と敬称付きで呼ぶようになった。

寛政《かんせい》一〇年（一七九八）に信明の養母瑞泉院《ずいせんいん》（芳姫）が亡くなると、清岩院の扱いはさらに向上し、享和《きょうわ》二年（一八〇二）には「清岩院様」と「様」付けで呼称することが正式に藩内へ通達された。瑞泉院が亡くなったことで、清岩院が名実ともに藩主のただ一人の母として、谷中下屋敷の奥向奥方の頂点に立ったのである。

文化五年（一八〇八）に清岩院が亡くなると、野火止平林寺に葬られた。松平伊豆守家の妾が平林寺に葬られた最初の例で、以降の藩主生母も没後は平林寺へ葬られるのが通例になった。

松平信順の生母

七代信明は歴代当主で一番多くの子をもうけ、十三男九女がいた。初めに生まれた一男二女は正室である井上正経《まさつね》（浜松藩主）の娘暉姫《てるひめ》が産み、それ以外の子は五人の妾が産んだ。なかでも、旗本の家に生まれた政《まさ》は、八代信順を含む五男四女（ほかに一人流産）を産んでいる。

寛政五年（一七九三）に長次郎（後の信順）を産んだ政は、その直後に「中老の上」の格式と七人扶持を与えられた。一〇年前に暉姫が産んだ男子が生後すぐに亡くなっていたこともあり、三〇歳を過ぎた信明にとっては待望の男子誕生であった。

同九年に長次郎が暉姫の養子となって嫡子に立てられると、政は老女の格式と二〇人扶持を与えられた。また、正確な時期は不明ながら、それから間もなく名前を高橋《たかはし》に改めている。こうして嫡子を産んだ妾の立場が向上していく過程は、信明生母の清岩院と共通している。

信明の正室暉姫の三回忌を終えて間もない文化四年（一八〇七）六月一日、高橋を「於《お》政《まさ》の方《かた》」と呼称することが藩内に通達され、その翌日には「於《お》千《ち》恵《え》の方《かた》」と改名した。正室が先に亡くなり、三回忌以降に妾であった者の立場が向上するのは、やはり清岩院と共通しているが、異なるのは夫である藩主が存命か否かである。於千恵の方の場合は信明が存命であり、「〇〇の方」と称されることで信明の後妻として認識されたのである。

文化十四年に信明が亡くなると、於千恵の方は恵覚院《けいがくいん》と名乗った。藩内からは「恵覚院殿」と呼ばれ、後に「様」付けで呼ばれるようになった。

松平信宝の生母

八代信順には三男六女の子があり、長女以外は妾が産んだ。九代信宝の生母は万知《まち》という妾である。万知は町医者の娘で、後に綾瀬《あやせ》と改名した。信順の正室は天保《てんぽう》十一年（一八四〇）に亡くなったため、三回忌を終えた同十四年に綾瀬が「於まちの方」と改名し、信順の後妻に位置付けられた。なお、この時点で信順は隠居しており、於まちの方が産んだ信宝が吉田藩主になっていた。

同十五年に信順が亡くなると、於まちの方は凉松院《りょうしょういん》と名乗り、藩内からは「凉松院殿」

と呼ばれた。

ここまで、狭妻（清凉院）、蘭（国香院）、岩山（清岩院）、高橋（於千恵の方・恵覚院）、綾瀬（於まちの方・凉松院）という五人の藩主生母の経歴を紹介してきた。藩邸の門を通行する際には門番が下座をし、「殿」や「様」という敬称付きで呼ばれ、藩の慶事や弔事に関するさまざまな報告を受け、野火止平林寺に埋葬されるなど、次第に藩主生母の地位が上昇し、藩主の家族に準じた格式や待遇が与えられていったことがわかった。

しかし、松平伊豆守家では妾が妻としての呼称である「○○の方」と呼ばれた事例は、正室の三回忌が過ぎた後に限られており、藩主や嫡子の生母であったとしても、正室の存命中はあくまでも妾という扱いであった。また、事実上の妻になったとしても、系譜には「家女」と記され、正妻に格上げされることはなかった。松平伊豆守家では、表向きは一夫一妻の原則が厳守されていたのである。

藩主生母以外の妾たち

ここでは、藩主以外の子を産んだ妾について見ていこう。

信復の妾である登利《とり》と折江《おりえ》の二人は、それぞれ息子が他の大名家を継いでおり、各家の藩主生母として引き取られた。

登利は美濃《みの》高富《たかとみ》藩主本庄《ほんじょう》道揚《みちあき》の生母であり、明和七年（一七七〇）に高富藩の江戸藩邸に引き取られ、安永七年（一七七八）に変死したという。

折江は狭妻（清涼院）の親族で、吉田藩士小林紋《こばやしもん》右衛門《えもん》の娘である。出産後も長らく「中老の上」として江戸藩邸の奥向で働いていたが、病が重くなったため、享和二年（一八〇二）十二月に実子である近江《おうみ》三上《みかみ》藩主遠藤胤富《たねとみ》に引き取られ、翌年一月に亡くなった。

信明の子を産んだ妾は、高橋（恵覚院）以外に四人いる。

麹町の酒屋の娘である万喜《まき》は、寛政九年（一七九七）に陽之助《ようのすけ》（後の高富藩主本庄道貫《みちつら》）を産んだが、父が亡くなって家を継ぐ男子がおらず、婿養子をとるために翌一〇年に宿下がりして実家に戻った。

一女を産んだ喜佐《きさ》は、幕府奥医師の筆頭である典薬頭《てんやくのかみ》今大路《いまおおじ》正庸《まさつね》の家来の娘で、後に旗本の目賀田《めがた》幸助《こうすけ》に嫁いだ。

幕府の鉄砲隊である百人組の同心服部《はっとり》清《せい》右衛門《えもん》の娘美遠《みお》は三男一女を産み、長浜《ながはま》と改名して老女として扱われたが、信明の没後に暇《いとま》をもらい、金一〇〇両（約九六〇万円）と五人扶持を与えられた。その後は実子で旗本の松平忠質《ただかた》のもとに身を寄せた。

武蔵岩槻《むさしいわつき》藩の家老神原彦太夫《かんばらひこだゆう》の娘である利和《りわ》も三男一女を産んだ。初野《はつの》と改名して中老として扱われたが、文化十一年（一八一四）に暇をもらい、金一〇〇両と五人扶持を与えられた。

信順の子を産んだ妾は、綾瀬（涼松院）以外に五人いるが、商家の娘である美須《みす》以外の四人の出自は不明である。また、静《しず》・美須・登志《とし》の三人は、いずれも産後一年以内に金五〇両を与えられて宿下がりしている。信順の子を二人産んだのは、信順が幕府要職として赴任した大坂・京都へ連れていった登美《とみ》だけで、子が生まれても母親をすぐに宿下がりさせていることから、子を多くもうけることを避けているようにすら思える。藩の財政状況を考慮したのかもしれないが、結果的に次の藩主信宝が子をもうけずに亡くなったことで、血が繋がっていない者を養子に迎えることになってしまった。

以上のように、妾の出自は武家から町人まで多様である。また、江戸藩邸の奥向に残り続ける者は少なく、実子が相続した家に引き取られるか、多額の現金を支給されて宿下がりすることが多かった。

奥女中の職制

近年は江戸城の大奥だけでなく、大名家の奥向の研究も進展しており、さまざまな家の事例が紹介されている。大名屋敷の奥向空間の奥方《おくかた》では多くの女中が働いており、その職制の構造は家ごとに異なるが、いくつかのタイプに分類できる。福田千鶴氏は、役女系列・側《そば》系列・下女系列を軸とする基本型、年寄《としより》の役割分掌が進んだ役女分掌型、上臈《じょうろう》を最高位に置く公家風の江戸城奥向女中型の三タイプにまとめている。後者の二タイプは徳川将軍家から正室や養子を迎えたことがある家や国持大名のような江戸城大奥とつながりを持つ大藩が多く、それ以外の大名家は基本型に当てはまる。

吉田藩の奥女中の構造は基本型で、職制は老女―中老―側―小姓―次《つぎ》―三《さん》の間《ま》―茶《ちゃ》の間《ま》―中居《なかい》―走女《はしりめ》（末）の順となっていた。この職制では、老女が奥女中をまとめる立場の「役女系列」、中老・側・小姓が主人の身のまわりの世話をする「側系列」、次・三の間・茶の間・中居・走女は掃除や雑用に従事する「下女系列」に該当する。なお、「次」までが主人に拝謁できるお目見え以上の身分である。「次」の役職名は主人がいる居間に隣接した次の間に由来し、居間と三の間（奥女中の居室）の間で用件を取り次ぐ役目を担っていた。また、吉田藩では三の間以上を女中と呼んでおり、中居と走女は女中より下の身分として認識されていた。

臨時の職として、正室や妾が出産する場合には、乳を与える乳持《ちもち》、赤子のおしめの世話をする襁褓《むつき》が雇用された。

奥女中の系統は一つではなく、殿様付（表女中、勝手女中）・奥様付・若殿付（部屋付）・姫様付・生母付などがあり、その時々の藩主家族の構成に応じて変化した。参勤交代で藩主が三河吉田へ帰城する際には、七〜一〇人程度の殿様付の女中が藩主の行列とは別行動で吉田へ向かい、吉田で藩主の身のまわりの世話をした。このような「奥女中の参勤交代」は他の大名家でもおこなわれていた。

吉田藩の江戸藩邸で働いていた奥女中の総人数がわかる史料は少ないのだが、上屋敷と谷中下屋敷にそれぞれ二〇〜三〇人程度いたと思われる。例えば、宝暦十二年（一七六二）に松泉院（松平信祝の正室）の遺物を下げ渡された谷中下屋敷の奥女中は二〇人、明和九年（一七七二）の目黒行人坂《ぎょうにんざか》の大火で奥向の土蔵が焼失したため手当金を支給された上屋敷の奥女中は二五人いた。このほか、老女など上役の奥女中は個別に部屋子《へやこ》を召し抱え、身のまわりの世話をさせていた。

家を興す老女

奥女中のトップである老女まで出世した者は、もともと側や小姓として採用され、経験を積んで昇進を重ねた。何世代にもわたって家督相続を繰り返して家をつないでいく男性の藩士と異なり、奥女中は一代限りもしくは年季奉公であった。しかし、長年精勤して功績があった老女は、特例で跡目を立てて家を興《おこ》すことが認められる場合があった。

宝暦四年（一七五四）九月、松泉院付の老女村尾《むらお》は「末々助老」のために藩医山本伝庵《やまもとでんあん》の次男三五郎を養子にとることを願い出て許可され、三五郎は女中名である「村尾」を苗字とし、村尾三五郎《さんごろう》と名乗った。

天保三年（一八三二）二月には、奥様付の老女玉江《たまえ》が名跡を立てることを望んだため、用人《ようにん》松平八《まつだいらはち》右《え》衛門《もん》の三男駒之進《こまのしん》を養子に迎えて中川家を興した。「中川」は玉江の実家の苗字と思われる。

奥女中が跡目を立てる例は幕府や他藩でも見られるが、その条件は家ごとに違い、時代による変化もあった。吉田藩では事例が少なく、よほどの功績がない限り認められない稀《け》有《う》な待遇であった。

奥女中としての扱いを受けた藩主生母も親族が藩士に取り立てられた。清涼院は小林家、清岩院は村雨《むらさめ》家、恵覚院は高橋家、涼松院は金井家がそれぞれ吉田藩士となっている。特に金井家はもともと町医者であったが、涼松院が藩主生母の地位を得たことにより武士身分になることができた。

主人に嫌われた老女

大名家同士の交際は、婚姻や養子縁組を通して広がりをみせ、表向の交際だけでなく奥向同士のつながりも重要視された。また、徳川将軍家と縁戚関係にある大名家では、奥向から江戸城大奥への交流ルートを持っており、表向からでは扱いにくい案件を大奥を通じて将軍の耳に入れ、内諾を得ることもできた。

大名家の姫が嫁入りする場合は、実家から老女をはじめとする奥女中、あるいは男性家臣を連れて嫁ぎ先の家に入った。松平伊豆守家にも、輝綱の正室龍泉院に従ってきた穂積家など、婚姻を契機に藩士になった家が複数ある。

実家から選抜されて連れてきた奥女中や男性家臣は、嫁いだ姫にとって気心知れた信頼できる存在であったはずだが、吉田藩の若殿松平信礼の正室芳姫に従ってきた老女松岡《まつおか》はそうではなかった。

宝暦十三年（一七六三）三月二三日夜、江戸で地震が発生した。当時芳姫は妊娠しており、老女である松岡は真っ先に駆けつけて介抱しなければならない立場にあったが、芳姫の寝所の近くに部屋があるにもかかわらず遅れて参上し、寝所から離れた部屋にいた側女中の方が早く駆けつけた。後日再度地震があった際には、側女中ばかりが駆けつけ、ついに松岡が参上することはなかった。

吉田藩上屋敷の奥女中　嘉永6年(1853)時点

No.	所属	役職	名前	給金
1	表女中	老女	浜野	金10両3人扶持
2	奥様付	老女	野沢	金10両3人扶持
3	表女中	中老	清村	金7両2人扶持
4	奥様付	側上格	定	金6両2人扶持
5	表女中	側	安	金5両2人扶持
6	奥様付	側	琴	金5両2人扶持
7	奥様付	側	鶴	金5両2人扶持
8	表女中	小姓	絹	金5両2人扶持
9	奥様付	小姓	調	金5両2人扶持
10	表女中	次	筆	金4両2人扶持
11	奥様付	次	縫	金4両2人扶持
12	奥様付	三の間	美津	金3両1人半扶持
13	奥様付	中居	竹川	金2両1人扶持
14	奥様付	末	関屋	金1両2分
15	奥様付	末	若菜	金1両2分
16	於愛様付	側	松	金5両2人扶持
17	於愛様付	側	染	金5両2人扶持
18	於愛様付	雇小姓	薫	2人扶持
19	於愛様付	三の間	久	金3両1人半扶持
20	於愛様付	中居	梅枝	金2両1人扶持

芳姫は以前から松岡を嫌っていたのだが、この地震により両者の溝はさらに深まってしまった。ついに藩主松平信復の耳に入るところとなり、松岡はこの約一か月後に本多家へ戻された。

奥女中の給金と諸手当

奥女中たちの金銭的な待遇はどうであったのか。嘉《か》永《えい》六年（一八五三）に吉田藩の上屋敷で働いていた奥女中の名前と給金を見てみよう。当時の上屋敷の奥女中は、殿様付の表女中が老女・中老・側・小姓・次の五人、奥様付が老女・側上格・側二人・小姓・次・三の間・中居・末二人の一〇人、姫様付が側二人・小姓・三の間・中居の五人で、計二〇人であった。

老女の給金は金一〇両三人扶持（約一五〇万円）で、以下役職のランクに従って減少し、末端の末が金一両二分（約十五万円）であった。それ以外に、毎月の諸手当として五菜（野菜）代・味噌・薪・水油が渡され、年末には椀《わん》代と雑煮《ぞうに》菜代も支給された。

吉田藩の奥女中の給金や諸手当は、他藩の事例と比較しても大きな差異は見られない。江戸には奥女中の職場となる武家屋敷がひしめいており、待遇の相場が均質化していたのであろう。

奥女中の採用

妾の出自が多様であったことは先に紹介したが、妾は奥女中から選ばれるため、奥女中の出自が多様であったということである。江戸藩邸に勤める吉田藩士の姉妹や娘、あるいは母が奥女中として働くことはしばしばあったが、藩主の妾になる例はほとんどなかった。

藩内の権力バランスが崩れるのを防ぐためであろう。
他の武家や町人・百姓など、吉田藩以外から採用する場合は「奉公人請状《うけじょう》」という身元保証書が提出された。請状の差出人は採用される本人ではなく、人主《ひとぬし》（身元引受人）と請《うけ》人《にん》（保証人）が連名で奥向の男性役人へ差し出した。吉田藩関連の奥女中の奉公人請状は七通が現存している。そのうちの一通を紹介しよう。

差し上げ申す御請状の事

一、このよしという女は確かな者ですので、私たちが引き受け、当年四月より七か年御側奉公に差し上げることに間違いありません。給金は金五両二人扶持に定め、月々の諸手当は並みのとおり頂戴します。ただ今、取替金として金二両二分・銀五匁を下され、確かに受け取りました。また、奉公を勤めている間はどのようなことがあろうとも、暇（辞職）を願うことはさせません。この女については、どこからも支障や揉め事はございません。もし外よりどのような難題が出てきたとしても、私たちが必ず解決し、御屋敷様（吉田藩主）へは少しも御苦労はかけません。奉公のことはどのように仰せ付けられたとしても、違背することなく勤めさせます。

一、公儀（幕府）の法度《はっと》は申すに及ばず、御家（松平伊豆守家）の作法にも背かせません。もしお気に召されないか、長病で暇を下される場合は、何事も御指図に従います。
一、宗旨は代々禅宗で、深川寺町増林寺《ふかがわてらまちぞうりんじ》の檀那《だんな》で間違いありません。宗旨証文は私たちで保管しているので、必要があれば差し上げます。
右の条々を堅く守らせます。後日の証拠としてこのとおりです。

万延《まんえん》元年申閏《さるうるう》三月二十七日

本八町堀《ほんはっちょうぼり》五町目寄綱《よりづな》渡世
請人　伊勢屋徳兵衛《いせやとくべえ》（印）
神田花房町《かんだはなぶさ》炭問屋渡世
人主　熊野屋祐蔵《くまのやゆうぞう》（印）

松平伊豆守様御奥御役人衆中様

奉公内容	給金
表小姓	金5両2人扶持
表小姓	金5両2人扶持
御子様方付次	金4両2人扶持
表小姓	金5両2人扶持
側	金5両2人扶持
中居	金1両2分1人扶持
乳持	金3両1人半扶持 御仕着代金2両1分 月々里扶持金2分

奉公人請状は三か条からなり、第一条で年季・役名・給与といった雇用条件を定め、問題が生じた場合は藩に迷惑をかけないことを約束した。取替金は貸付金であり、給与のなかから返済された。第二条では法令を順守させること

奥女中の奉公人請状

No.	年月日	人主身分	名前	改名	年齢	年季
1	天保14年（1843）7月29日	武士	きさ	みさを	16歳	10年
2	嘉永5年（1852）10月17日	町人	てい	鈴子	14歳	10年
3	嘉永5年（1852）11月5日	武士	ふぢ	袖崎	40歳	
4	安政7年（1860）2月14日	町人	定		16歳	10年
5	万延元年（1860）閏3月27日	町人	よし	楽	21歳	7年
6	文久2年（1862）閏8月	町人	くら	紅梅		5年
7	慶応元年（1865）7月	町人	美代			

を確認し、第三条では宗旨を記して身元が確かであることを証明した。

請状に合わせて、人主と請人について記した宿書《やどがき》、親類の住所や職業を記した親類書も提出した。また、奥向へ入るにあたり、名前を女中名に改名する場合も多かった。

吉田藩関連の奉公人請状のうち、上表3番のふぢ（袖崎《そでさき》）は越後《えちご》新発田《しばた》藩主溝口《みぞぐち》家に採用された時のものである。後に吉田藩主松平信古《のぶひさ》の正室となった鋹姫《としひめ》に従って吉田藩の奥向に入り、奥様付老女を務めた。

奥女中の退職祝い

年季奉公の奥女中は嫁入り前の修業として勤める場合が多く、一〇代半ばで採用され、一〇年間の年季を終え、二〇代半ばで宿下がりをした。たとえ年季の途中であっても、本人の病気や年老いた親の世話、婿養子をとるためといった理由で宿下がりすることもあった。

奉公していた主人が亡くなった場合は、お付きの女中たちへも遺品が分け与えられるとともに、大半が暇を出された。

奥女中が宿下がりする場合は、功績に応じて退職祝いの品が与えられた。天保五年（一八三四）六月、若殿付老女の初野が老母を養育するために宿下がりを許された際には、縮緬《ちりめん》の布団・掻巻《かいまき》、縮緬の小袖、八丈縞《はちじょうじま》の袷《あわせ》、縞縮緬の単物《ひとえもの》、帷子《かたびら》代金五両（約四八万円）、肴《さかな》代金二〇〇疋《ぴき》（約四万八〇〇〇円）、文箱、小蓋、煙草盆《たばこぼん》、銀煙管《ぎんきせる》、盃、帛紗《ふくさ》が贈られた。

奥向にいる男性

奥向というと女性ばかりの世界を想像する方が多いと思われるが、それは奥向の奥方《おくかた》の話で、藩主の側勤めをする奥向の表方は男性の世界であった。また、奥向の奥方にも男性が関わっていた。

吉田藩主の側勤めをする藩士のトップは小姓頭で、その配下には用人・用役《ようやく》・近習目付《きんじゅうめつけ》・小納戸・近習・中小姓・右筆・書役・坊主・料理人などがいた。また、奥向で働く足軽は「小足軽」と呼ばれた。奥向の奥方に関わる藩士には、奥年寄・奥目付・奥番士などがおり、奥女中へ辞令などが出された際には奥年寄が伝えることもあった。奥年寄が置かれたのは上屋敷のみで、谷中下屋敷で藩主生母が暮らしている場合には、複数人いる目付のうち一人を担当に選出し、奥年寄のような役割を任せた。

藩内で家中触れなどの伝達事項がある場合、表向の藩士へは目付、奥向の藩士へは小姓頭を通じて伝えられた。ともに男性でありながら、両者の間には明確な線引きがあった。

錠口という境界

江戸城大奥を扱った時代劇などでおなじみの御鈴廊下《おすずろうか》は大奥と中奥を結ぶ通路で、その出入り口は錠付きの戸が立てられた御錠口《おじょうぐち》で仕切られていた。大名家の御殿でも、奥向の表方と奥方の間に御錠口が設けられ、男女の接触が厳重に制限されていた。

宝暦十二年（一七六二）六月、吉田藩では若殿松平信礼と芳姫の婚姻に合わせて「奥御錠口御定書の事」が制定された。内容は次の十二か条である。

定

一、御錠口は、夜は五つ時に閉め、朝は六つ時に開けること。両度ともに当番の奥目付と奥番士一人が立ち会うこと。閉める際は十分注意を払い、鍵は奥目付が預かること。
一、暮六つ時以降は、御錠口の外へ走女や下女は決して出してはならない。用事がある場合は、奥番士まで取り次ぐこと。
一、食膳を仕立てる際には、奥目付一人が料理人を召し連れて男性の控え場所まで通すこと。働く者は奥番士が吟味し、みだりに通してはならない。
一、長局その他所々火の元のことは、奥年寄と奥目付が立ち合い、念を入れて油断なく申し付けること。錠口を閉めたあとは中居と走女が見まわり、火の元を改めること。
附《つけたり》、風が強い時は、奥年寄・奥目付も右の者を召し連れて、昼夜に限らず見廻ること。また、殿様が御成りになる日は表向に順じて、より一層念を入れること。
一、庭の土蔵へ御用があって下々の者が参る際は、奥目付・奥番士が召し連れる。掃除の者が入る際も右の通りに心得ること。
一、奥年寄・奥目付は三の間より外の席にて御用を伝えること。
一、女中の宿下がり（休暇）は一年に二度と定め、五日以内に帰るようにすること。外出する際は老女の許可書を奥年寄まで出すこと。規定以外にやむを得ない用事がある場合は、その旨を奥年寄共まで報告して指図を受けること。
一、女中の部屋へ親類の女などが来る場合は、奥年寄へ報告するように申し付け、その時の状況により指図すること。一泊する場合はその理由を吟味し、表向へ報告して指図を受けること。部屋子（小間使）などを差し置くことはなおさら報告しなければならない。ただし、御家中にいる親類等は制外とするが、男子は無用とする。
一、女中が病気の際は、部屋において医者に診せることは勝手次第とする。その際は奥年寄あるいは奥目付が付き添い、その部屋へ医者を案内して病体を診せること。ただし、他所の医者は一切通してはならず、錠口外の相応の場所で診察させること。
一、女中へ他所から女の使者が来た際は、錠口外で下女へ用件を伝えること。もし直接面会しなければならない事情があり、奥年寄・老女の許可を得た場合は、その女中の部屋へ通して用件を伝えること。
　附、男の使者が来た際は、台所口で下女へ用件を伝えること。
一、御用達の町人が来た際は、錠口外へ中居・走女等を差し出して用向を伝えること。私的な用件も下女を通じて知らせること。しかしながら、やむを得ない用事以外は無用とすること。

一、使者あるいは用事で下女を外出させる場合は、まず女中の印を押した文書で奥年寄の了解を得て、奥年寄の印を押した許可書により門の出入りをさせること。

この規定により、御錠口が表方と奥方の境界として厳重に管理されて閉鎖性を保っていたことのみならず、江戸藩邸内での奥女中たちの生活や外部との接触方法についてもその一端を知ることができる。

恵覚院の日常

吉田藩邸の奥向奥方の様子がわかる史料は少ないのだが、その一つに「備忘記」という日記がある。筆者は松平信順の生母恵覚院の担当目付を務めた長坂平次兵衛《ながさかへいじべえ》という吉田藩士である。原本は確認されていないが、後に松平信宝の生母凉松院の担当目付になった大嶋左源太《さげんた》が、前例を確認するために筆写したものが現存している。記録されているのは長坂が恵覚院掛に任命された天保四年（一八三三）から、恵覚院が亡くなった同十二年までで、谷中下屋敷における恵覚院の暮らしぶりを知ることができる。

恵覚院付の家臣は、奥女中が中老一人・側四人・三の間一人・茶の間一人・末三人の計一〇人、男性家臣が目付一人（長坂平次兵衛）・奥目付二人・奥番士四人・下目付（足軽）二人・小間使（中間《ちゅうげん》）五人の計十四人であった。なお、恵覚院付の奥女中は若殿付老女、男性家臣は若殿付用人の下に位置付けられた。

恵覚院の懐事情

恵覚院には毎年藩庫から米一〇〇〇俵《びょう》が支給されていた。米一俵《ぴょう》を四斗《と》入りとすると二俵半で一石《こく》となり、一石は金一両に換算されるため、米一〇〇〇俵は金四〇〇両（約三八四〇万円）の価値となる。このうち米一〇〇俵は恵覚院と奥女中たちが食べる飯米として残し、余った分は売却して換金した。残り米九〇〇俵（金三六〇両）が恵覚院の生活費となった。この生活費は長坂平次兵衛が藩庫を管理する大納戸に請求し、五月に一～五月分、十二月に六～十二月分を受け取った。毎年の分米以外には、商人への預金による利殖や頼《たの》母子講《もしこう》（江戸時代に流行した金銭の融通を目的とする民間互助組織）への加入などで現金を得ることもあった。ちなみに、正室の場合は毎年米二〇〇〇俵が支給されていた。

年間の総勘定は天保五年（一八三四）と六年の数字が記録されている。恵覚院の衣服代は五年が金九八両（約九四〇万円）余、六年が金四一両（約三九〇万円）余であった。出費の総額は五年が金三八四両（約三六九〇万円）余、六年が金三六七両（約三五二〇万円）余で、残った飯米の売却金を合わせても両年とも赤字になった。

恵覚院が自由に使える金が不足する場合は、長坂が勘定奉行《かんじょうぶぎょう》に掛け合い拝借していた。しかし、吉田藩の財政が悪化して天保九年に藩士の給与カットが実施されると、恵覚院の生活費も金二〇〇両（約一九二〇万円）が削減されることになった。あわせて藩内へ「格外の倹約」が通達されると、長坂は「恵覚院様の入用は支給される米の範囲内で賄《まかな》い、表向の金をあてにしてはならない」と釘をさされることになった。

恵覚院は旗本久須美《くすみ》家の出身であり、当時の当主久須美祐明《すけあきら》は恵覚院の従姉弟《いとこ》であった。天保一〇年に久須美家の娘の縁談があり、同家から恵覚院へ金五〇両（約四八〇万円）の無心があった。しかし「格外の倹約」により恵覚院にそれだけの金を用意する余裕はなかった。長坂が表向の役人と交渉した結果、金二〇両（約一八八万円）を拝借できた。残りは恵覚院が出すことで金五〇両を用意し、久須美家には全額貸し付けて毎年金二両ずつ返済させることになった。

谷中下屋敷の訪問者たち

恵覚院が暮らす谷中下屋敷には、私的に訪れる者が多かった。「備忘記」に記された訪問は、天保四年（一八三三）から十一年までの八年間で一六一件あった。この期間は恵覚院の晩年であり、病で臥せていることも多かったため、それ以前よりも件数は少ないと思われる。

藩主家族では、藩主松平信順が三回、正室延姫《のぶひめ》が一〇回、若殿信宝が二七回訪問している。上屋敷の移転にともなう一時的な滞在はこれに含んでいない。信順の来訪目的は、京都へ赴任する際の暇乞いと屋敷内にある桜下稲荷《さくらもといなり》への参詣である。延姫は年始の挨拶や上野寛永寺への参詣後に恵覚院を見舞った例などがある。信宝は幼少期を谷中で過ごしたこともあってか頻繁に訪れており、名目は桜下稲荷への参詣や鉄砲の稽古が多い。なお、信宝は天保八年十一月に谷中へ引っ越しており、以後は恵覚院と同じ屋敷内で暮らした。

前藩主の信明は子沢山であったため、他家に養子入りした者たちが多かった。谷中で生まれ育った彼らは、実子か否かにかかわらず恵覚院を母と慕い、心休まる場所として気軽に訪れている。

なかでも群を抜いているのが旗本大森頼実《おおもりよりざね》の五九回である。大森家の屋敷は小川町雉子《きじ》橋《ばし》通にあり、谷中下屋敷からは約三・五キロメートル離れていたが、多い時には月に三回から四回も訪れている。来訪目的は年始の挨拶や暑中・寒中見舞いなどの定例的なもののほか、鉄砲の稽古などもあるが、多くは突然やってきて昼食や湯漬を所望し、食べたらすぐに帰るというものであった。長坂はこれを好意的には思っていなかったようで「ご案内これ無く押し掛け」と記述している。

頼実の次に多いのが旗本内藤忠行《ないとうただゆき》の二〇回である。内藤家の屋敷は根津宮永町《ねづみやなが》で、谷中下屋敷の真裏にあったため来やすかったのであろう。ほかにも信明の子である弘前藩主津軽順承《ゆきつぐ》、高富藩主本庄道貫《みちつら》、旗本松平忠質《ただかた》、白河藩主阿部正瞭《まさあきら》がそれぞれ複数回来訪しており、兄弟が顔を揃えることもあった。また、大名家を継いで藩主になった者は、参勤交代で国元へ帰る前の暇乞いや江戸参府の挨拶で訪れた。

回数は少ないものの、他家へ嫁いだ恵覚院の娘、あるいはその子（恵覚院にとっては孫）が来訪することもあった。後に幕府老中となる安藤信正《あんどうのぶまさ》も恵覚院の孫にあたり、少年期に馬で谷中下屋敷を訪れて恵覚院と対面し、食事や菓子でもてなされた。

石門心学の聴講

当時全国的に広まっていた思想に、江戸時代中期の思想家石田梅岩《いしだばいがん》が創始した石門心学《せきもんしんがく》がある。神道・儒教・仏教の教えを融合し、勤勉・倹約・孝行といった通俗道徳を庶民にもわかりやすい言葉や比喩を用いて説いたもので、商人が利潤を追求することの正当性を述べたことでも知られている。

石門心学は、梅岩の弟子の手島堵庵《てじまとあん》や中沢道二《なかざわどうに》らによって広められ、各地に心学を学べる講舎が設立された。心学の講話は道話《どうわ》と呼ばれ、巧みな話術と身近な例を用いたわかりやすい内容によって、身分の違いや性別にかかわらず広く受け入れられた。心学に傾倒する大名もあらわれ、陸奥泉《むついずみ》藩主本多忠籌《ただかず》や信濃須坂《しなのすざか》藩主堀直皓《なおてる》らは藩士や領民の教化に心学を取り入れて「心学大名」と呼ばれた。

もちろん、三河吉田藩も心学の影響を受けた。吉田藩の藩校時習館《じしゅうかん》の教授は、領内各地をまわって学術講義をおこなう「在中教諭《ざいちゅうきょうゆ》」を任されていたが、その講義内容には手島堵庵の著書『前訓《ぜんくん》』や心学道話も含まれていた。藩主松平信順も心学に理解があり、京都所司代時代には心学者の柴田鳩翁《しばたきゅうおう》を招いて講義を受け、吉田藩士たちにも聴講させている。

信順の母である恵覚院も心学に関心を持ち、江戸の心学講舎である参前舎《さんぜんしゃ》の都講《とこう》（講師）亀田柏翁《かめだはくおう》を毎月五日と二〇日に谷中下屋敷へ招き、定期的に講義を受けた。柏翁は心学先進地域である須坂藩の藩士でもある。

恵覚院の病

「備忘記」に記された恵覚院の外出の記録は一〇回しかないが、そのうち七回は記述が始まった天保四年（一八三三）に集中している。行き先は実家の久須美家、浅草観音、野火止平林寺（一泊二日）が各一回、そして上屋敷が四回である。

天保四年十二月十二日、恵覚院は寒中見舞いのために上屋敷を訪れた。それ以前の訪問ではいずれも二日から三日間逗留《とうりゅう》していたが、この日は夕方から少し気分が優れなかったため谷中へ戻ることにした。ところが帰り道の途中で嘔吐《おうと》してしまい、夜五つ時（午後八時頃）に谷中へ帰ってからも嘔吐が続いた。四つ時（午後一〇時頃）に眠り、暁七つ時（午前四時頃）に目覚めて粥《かゆ》を二杯食べた。藩医石川宗活《いしかわそうかつ》の見立てにより、悪寒《おかん》と血の道症（婦人科系の症状）と診断され、特に心配する必要はないとのことであった。

翌日は嘔吐することはなかったが、発熱して体がぐらつくこともあったため、食事は粥のみとした。全快したのは大晦日のことであった。

恵覚院は天保五年に六〇歳となり、前年末に体調を崩したこともあって以後外出することはほとんどなかった。しかし、訪れる子や孫たちとの対話、心学の聴講、藩邸内での酒宴や花見などを楽しんで過ごした。

恵覚院付の藩医

藩に仕える医師を藩医と呼ぶ。天保初年頃の分限帳《ぶげんちょう》（職員録）によれば、吉田藩では吉田に五人、江戸に九人の藩医がいた。

藩医は他の藩士と同様に世襲されたが、医術に関する専門知識や技能をもって藩主に奉仕するため、医師として一人前になれなければ、実子であっても藩医になることはできなかった。医師として修業を積む場合は、幕府の奥医師などに弟子入りして研鑽《けんさん》を積んだ。藩医の家は養子による相続も多く、医師として優秀と判断された者が養子に選ばれた。また、家督相続が見込めない藩士の次男三男が仕官するために医術を学び、新規に藩医として取り立てられることもあった。

藩医の仕事は、藩主とその家族に対する毎日の診察のほか、藩士が病気や怪我をした際の診察・治療があった。医師としての腕が認められると、他の大名家に招かれて出入りすることもあった。

日常的に恵覚院の診察を担当していた藩医は、石川宗活と大内意三《おおうちいさん》の二名で、後に意三に代わり皆川玄旦《みながわげんたん》が務めた。恵覚院が病床にある間は、長坂以下の男性藩士は「御番引《おばんひき》」となって出仕を控えたため、恵覚院に接することができる男性は医師だけになった。天保五年二月に恵覚院が体調を崩した際は、悪寒が強く夜間に厠《かわや》へ立つ頻度も多くなったため、奥女中だけでは体力的な負担が大きいとして、宗活が奥目付役所で泊番をした。

藩邸出入りの医師たち

第二章では吉田藩士が病気になった際に藩医だけでなく評判の良い他藩の医師や町医に診てもらうこともあったと紹介したが、藩主やその家族の場合も同様であった。

天保五年（一八三四）二月、恵覚院の体調を心配した松平信順の正室延姫は、町医者で陸奥三春《みはる》藩家来分の塩田秀三《しおたしゅうさん》の診察を受けることを提案した。恵覚院はこれを受け入れ、同年六月からは秀三に薬を処方してもらうことにした。

三春の大工の息子であった秀三は、江戸へ出て吉田藩儒も務めた大田錦城《きんじょう》に入門した。後に同じく三春出身の町医師塩田揚庵《ようあん》に入門して医術を学び、揚庵の婿養子《むこようし》となって跡を継いだ。三春藩主秋田家には松平信明の姉が嫁いでおり、その縁で天明年間（一七八一〜八九）以降吉田藩士が揚庵から薬を処方してもらうことがあった。秀三の代になっても吉田藩との関係は続き、ついに文政《ぶんせい》五年（一八二二）一〇月には吉田藩から出入扶持一〇人扶持を与えられた。

秀三は恵覚院の実子で弘前藩主となった津軽順承《ゆきつぐ》の治療もおこなった。ある時、順承の下痢が治らず、さまざまな名医に頼んで治療を受けたが効果がなかったため、吉田藩の勧めにより秀三の薬を服用したところ、四か月目にしてようやく下痢が止まった。大いに喜んだ順承はこの薬を約十五年間飲み続けた。また、弘前藩から秀三へ出入扶持十五人扶持が与えられた。このようにして秀三はいくつもの大名家に出入りすることになり、受領した扶持は合わせて七二人扶持に達した。(「鹽田家系」東京大学総合図書館 鷗外文庫)

恵覚院の病が悪化した天保十一年十一月、松平信順は播磨林田《はりまはやしだ》藩医の辻元崧庵《つじもとすうあん》を招いて恵覚院を診察させ、以後は同人の薬を服用することになった。林田藩主建部《たけべ》家は、恵覚院の娘の嫁ぎ先である。崧庵は後に幕府の奥医師となり、医学館の考証派と呼ばれる一派の有力者として活動した。

優秀な医師に診察してもらいたいという願望は、生命に直結する切実な問題であった。藩医では手に負えない病気であれば外部からより良い医師を招くことになるが、その際に頼りにしたのが、縁戚関係を通じて築かれた奥向のネットワークであった。

姫君誕生

天保一〇年（一八三九）三月二三日、藩主信順付女中の美須《みす》が上屋敷から谷中下屋敷へ移された。美須に妊娠の兆候があったためで、妾の出産は谷中下屋敷でおこなうのが通例であった。

恵覚院の指示により、産科の心得がある藩医大内意仙《いせん》に診察させたところ、懐妊に間違いないという診断が下った。直ちに上屋敷へも報告され、表向にも懐妊が発表された。

ちなみに、意仙は恵覚院の診察を担当していた大内意三の息子で、余庵《よあん》・桐斎《とうさい》とも名乗った。後に安政《あんせい》三年（一八五六）から三年間蝦夷地《えぞち》を調査し、地理や風俗をまとめた『東《とう》蝦夷夜話《かいやわ》』を著した人物である。

四月十八日、美須が妊娠五か月目になったことを祝う着帯《ちゃくたい》の儀がおこなわれた。信順・正室延姫・恵覚院から美須へ祝い金などが下賜され、美須からはお返しに赤飯を差し上げた。長坂ら奥向の家臣や奥女中たちにも赤飯と煮染《にしめ》が振る舞われた。

七月に美須が臨月に入ると、「御出生様附」の奥女中として守役のやす、乳持のてい、襁褓のきせの三人が雇用された。乳持は乳の出が悪くなると暇をもらって交代した。また、新生児に処方する薬として、熊胆《ゆうたん》と人参が用意された。

七月二四日の四つ時（午前一〇時頃）前に美須の陣痛が始まったため産婆を呼んだところ、今しばらく手間取るだろうと判断された。陣痛開始から半日後の夜四つ時（午後一〇時頃）に女子が誕生し、母子ともに丈夫であった。

新生児に最初の乳を与える乳附《ちつけ》は、大内意仙の妻がおこなった。乳持の交代要員である控乳は、当初は藩士長塩藤蔵《ながしおとうぞう》の妻が務める予定であったが、体調が悪くなったため、藩士吉川清蔵《よしかわせいぞう》の妻に交代した。清蔵の妻には毎月金一分（約二万四〇〇〇円）と鰹節二本ずつが支給され、さらに乳の出を良くするために毎日牛蒡《ごぼう》一本ずつが与えられた。

今回の女子誕生は内々で済まされることになり、幕府への届出や親類の大名・旗本への報告はなく、信順の兄弟たちへは奥向を通じて知らされた。藩士たちによる表向の祝意も無用とされた。また、女子に贈られる守り刀と谷中大泉寺のお守りは、長坂から恵覚院付女中のこのへ渡した。

生後七日目にあたる八月一日は御七夜の祝儀である。女子に名付けがおこなわれ、鎰姫《いつひめ》と命名された。父親である信順から鎰姫へ産衣《うぶぎぬ》が贈られ、奥向の家臣や医師、奥女中、産婆へも祝い金などが渡された。美須の実家へは金五〇〇疋（約十二万円）と赤飯三升（代銀）が届けられた。あわせて初めて髪を剃る産髪垂《うぶかみたれ》（産剃《うぶぞ》り）がおこなわれ、長坂と奥目付が儀式を務めた。

美須は産後の肥立ちがよくなり、九月二八日に上屋敷へ戻った。鎰姫とは生後二か月で離れて暮らすことになった。

十一月六日、鎰姫の宮参りがおこなわれ、谷中下屋敷内にある桜下稲荷へ参詣した。帰る途中で恵覚院の部屋にも立ち寄った。宮参りも産後の節目となる行事であり、ここでも奥向の家臣や医師、奥女中、産婆へ祝い金が渡された。翌日には美須が谷中を訪問して四日間滞在し、久しぶりに我が子と対面した。美須は翌年宿下がりしたため、以後鎰姫に会うことはなかった。

鎰姫は無事に成長し、後に貞姫《さだひめ》、房姫《ふさひめ》と改名した。天保十五年に兄信宝が跡継ぎをもうけないまま亡くなったため、わずか六歳で「家付き娘」として分家の旗本から信璋《のぶあき》を婿養子に迎えた。その信璋も嘉永二年（一八四九）に亡くなったため、今度は越前鯖江《えちぜんさばえ》藩主間部《まなべ》家から信古《のぶひさ》を婿養子に迎えた。二二歳になった万延《まんえん》元年（一八六〇）五月に男子を産んだが生後すぐに亡くなり、房姫自身も産後三日目に帰らぬ人となった。

江戸時代は現代よりも生と死が隣り合っていた時代で、出生児の約二割が生後一年以内に亡くなった。出産により命を落とす母も多く、産後死と難産死は二一歳から五〇歳の女性の死因の二五パーセントを超えていたとされる。大名家であってもこの傾向は同じであり、家を存続させることはまさに命懸けであった。

恵覚院の最期

恵覚院は天保四年（一八三三）十二月以降度々体調を崩していた。同十二年一月十一日も明け方から気分が優れなかったため石川宗活が診察し、差し当たって案じることは特段ないと判断した。しかし容態が悪化していったため、塩田揚庵（秀三の息子）が呼び出され、夕方参上して診察したところ思いのほか悪く、明朝再度診察することになった。

明朝も参上した揚庵は、藩主信順より「診察結果は直接伝えるように」と命じられていたため、長坂らには伝えずに直接信順へ報告した。この時点で状況はかなり逼迫《ひっぱく》していたと思われる。十四日には、松平信明の子女が養子入り・嫁入りしている大名家に対し、恵覚院の容態が芳しくないことが知らされた。

十五日、信順は母を見舞うため谷中へ行こうとしたが、悪寒の症状が悪化して動けず、代わりに老女の綾瀬（若殿信宝の生母）を派遣した。弘前藩津軽家や高富藩本庄家からは見舞いの使者が派遣され、恵覚院の実家久須美家からも見舞いの品が届けられた。

診察を依頼された辻元崧庵は何か薬はないかと問われ、覚せい剤の原料にもなる麻黄《まおう》を配合した薬ならあるが、大名家の方に差し上げるような代物ではないと返答した。綾瀬は上屋敷へ戻って信順の意向を確認し、処方してもらうことになった。しかしその甲斐もなく、恵覚院は同日夜四つ時（午後一〇時頃）に息を引き取り、六七年の生涯を閉じた。

恵覚院死去の知らせは直ちに内々で上屋敷へもたらされ、綾瀬から信順へ伝えられた。日付が変わった八つ時（午前二時頃）、長坂平次兵衛が上屋敷へ参上して用人へ恵覚院の訃報を伝え、用人から信順へ正式に報告された。奥向の奥方と表方で藩主への伝達ルートが異なっていたことがわかる。翌十六日朝、幕府へ信順の看病願いが提出され、恵覚院の訃報は十七日夕方に公表された。表向への公表は色々な段階を踏まねばならないため、こうしたタイムラグが生じたのである。

恵覚院は藩主家族として野火止平林寺へ葬られることになり、二一日夜七つ半時（午後五時頃）に谷中下屋敷を出発し、八つ時（午前二時頃）に平林寺へ到着した。二三日昼に遺体が納棺され、夕方に葬儀が執りおこなわれた。

四十九日が過ぎると、恵覚院付家臣団の解体が進められ、奥女中のほとんどは宿下がりし、男性家臣には他の役職が与えられた。しかし、長坂にはまだやるべき仕事が残っていた。上屋敷へ送られた恵覚院の遺品は長坂が中心になって整理し、形見分け用の帳面を作成した。遺品の一部は売却し、恵覚院の借財の返済に充てた。恵覚院が住んでいた御殿も片付け、普請奉行へ引き渡した。役目を終えた長坂には奥年寄のポストが与えられ、上屋敷の奥向で奉仕することになった。

行政機関を担う表向の家臣と違い、奥向の家臣団は藩主や嫡男・正室・藩主生母など、それぞれの主人に附属する形で整備され、男性家臣と奥女中が奉仕していた。彼らは主人の側近くに仕えて家政機関を担当し、主人が亡くなると家臣団は整理されるということを繰り返していたのである。

第五章　藩邸から子爵邸へ

大地動乱の時代

幕末期の日本列島は、地震の活動期にあたる大地動乱の時代であった。弘化《こうか》四年（一八四七）三月の善光寺《ぜんこうじ》地震（M七・四）に端を発し、嘉永《かえい》六年（一八五三）二月に小田原地震（M六・七）、翌七年六月に伊賀上野《いがうえの》地震（M七・〇～七・五）が発生した。さらに同年十一月には、四日に東海地震（M八・四）、五日に南海地震（M八・四）、七日に豊予《ほうよ》海峡地震（M七・四）と大規模な地震が連発したため、同月二七日に「安政《あんせい》」と改元した。東海地震と南海地震は改元前に発生しているが、一般的には安政を冠して呼ばれている。しかし、改元後も安政二年（一八五五）一〇月二日の安政江戸地震（M七・〇～七・一）など、安政年間（一八五四～六〇）を通じてM七クラスの地震が各地で発生した（M＝マグニチュードはいずれも推定）。

このなかで三河《みかわ》吉田藩領に甚大な影響を及ぼしたのが安政東海地震である。吉田藩領だけで田畑五六八〇石《こく》余が荒地となり、死者・行方不明者二八人、全壊・流失した家六五七軒、流失・破損した船一四〇艘などの被害が出た。

吉田城も無事では済まなかった。本丸の辰巳櫓《たつみやぐら》が倒壊、鉄櫓《くろがねやぐら》が半壊したほか、建物の倒壊、石垣や塀の崩壊も多数発生した。政庁である二の丸御殿も大きな被害を受けたため、家老たちは地面に広げた敷物の上で対応を協議した。

お父さん頑張る!

一方、吉田藩の江戸藩邸は安政江戸地震で被害を受けた。当時四二歳で者頭《ものがしら》を務めていた福島豊治《ふくしまとよじ》が吉田の親類に宛てた書状に、地震発生時の状況が詳しく記されているので紹介しよう。

豊治の長屋は谷中《やなか》下屋敷にあり、妻と二男三女の子を合わせた七人で暮らしていた。地震発生時の一〇月二日夜四つ時(午後一〇時頃)は、妻と長女が夜なべしており、豊治は下の子どもたちと一緒に寝ていた。地震に気づいた豊治はすぐさま飛び起き、子どもを起こして外へ連れ出そうとしたが、あっという間に建物が倒壊し、家族全員が下敷きになってしまった。

子どもたちをかばった豊治の腰には、崩れた屋根や梁《はり》の重みがのしかかっていた。それでも、ここで自分が潰れたら子どもの命もないとの思いで一生懸命に辛抱した。真っ暗闇で周りは何も見えなかったが、子どもたちの声は聞こえていた。少し離れた場所にいた次女は梁の下敷きになり、苦しそうな声で「もう死んでしまう」と呻《うめ》いていたが、身動きがとれない豊治にはどうすることもできず、ただ「すぐに出してやるから」と声をかけるだけだった。

江戸藩邸の被害

途方に暮れていたところ、周囲で火災が発生したらしく、長女が「少し明かりが見える」と言った。豊治の近くに転がっていた茶碗《ちゃわん》にもその明かりが反射し、手元が見えるようになってきた。このかすかな明かりを頼りに壁を壊し、できた穴から長女を外へ押し出した。続いて三人の子どもと妻も順番に脱出できた。豊治も出してもらおうと手を伸ばしたが、身体が挟まれていたため出ることができずにいた。

そこへ隣に住んでいた村井有右衛門《むらいゆうえもん》ら三人がやってきて、梁の隙間に棒を差し込み、梃子《てこ》の原理を使って持ち上げてくれた。これでようやく豊治も脱出でき、次女も無事に救出された。次女は襟から肩にかけて少し傷を負ったものの、一家全員助かることができた。

体をはって家族を守った豊治は、腰に大きなダメージを負った。書状には「働くことができなくなったのは残念至極だが、みんなを助け出すことができたので腰の痛みくらいは是非もない。しかし働けないのは甚だ不都合だ」と綴っている。

夜が明けて、次第に被害の状況が明らかになってきた。谷中下屋敷では、福島豊治たちの長屋を含む敷地内西側の長屋五棟、坊主長屋、稽古場など八棟が全壊し、残りの建物も半壊した。死者は四人で、怪我人も十数人いた。豊治は屋敷内を見廻って被害状況を報告しなければならない立場にあったが、腰痛で動けなかったため見廻りは大嶋左源太《さげんた》に任せ、報告書は連名で提出した。

鍛冶橋《かじばし》門内の上屋敷は御殿が所々破損し、長屋も残らず大なり小なりの被害を受け、土蔵は五棟のうち二棟が全壊した。北新堀《きたしんぼり》下屋敷も長屋などの建物に被害が出たが、両屋敷とも死者は出なかった。

藩主松平信古《のぶひさ》の正室房姫《ふさひめ》とその妹愛姫《あいひめ》は、上屋敷から谷中下屋敷へ避難した。なお、信古は参勤交代で吉田在城中のため不在であった。ちなみに信古は安政東海地震の時は江戸にいたため、二度の大地震を回避している。

この地震による江戸の町方の犠牲者は四〇〇〇人以上と言われているが、武家の犠牲者数は不明である。しかし、揺れによる建物の倒壊、その後発生した火災により、多くの大名屋敷が被災して多数の死傷者が出た。特に現在の丸の内付近の大名小路《こうじ》ではすべての屋敷が甚大な被害を受けたという。江戸の吉田藩重役は、国元へ出した書状のなかで「我が藩は三屋敷とも別条なく、他の大名家に比べれば被害は軽い方である」と報告しているが、別条なしは言い過ぎとしても、軽微な被害と感じたのは偽らざる本音であろう。

被災藩士の暮らし

被災直後は「命が助かっただけで有難い」という思いを抱いた福島豊治であった。しかし長屋が全壊して家財道具もほとんど壊れ、残ったのは釜一つだけであったため、日々生活していくとなると不便な現状を嘆かずにはいられなかった。吉田の親族宛ての書状を書こうにも、机も硯箱《すずりばこ》もないため矢立《やたて》一本で書いていた。

江戸藩邸にいた吉田藩士たちは、八割ほどが敷地内の空き地に建てた仮設の小屋で避難生活を送ったが、雨露をしのぐこともできない有様で不便を強いられた。豊治一家も小屋で暮らしたが、季節は真冬に向かっていたため寒さが辛《つら》かった。また、夜中に大雨が降った際には雨漏りが酷《ひど》く、手当てしようにも使える物がなくずぶ濡れになってしまった。ただし、末っ子の男子だけは小屋暮らしにも動じず、早朝から大騒ぎして機嫌が良く、豊治が羨ましがるほどであった。

吉田藩主従、西へ

文久《ぶんきゅう》二年（一八六二）六月、吉田藩主松平信古は大坂城代に就任した。当時は島津久光《ひさみつ》率いる薩摩《さつま》藩兵が勅使大原重徳《おおはらしげとみ》に随行して江戸入りしていた。彼らの目的は幕政改革の要求であり、幕府はこれをやむなく受け入れて改革を実行した。

この改革でよく知られているのは一橋慶喜《ひとつばしよしのぶ》を将軍後見職、松平慶永《よしなが》を政事総裁職、松平容保《かたもり》を京都守護職に任命した人事改革、参勤交代の緩和や幕府の軍政改革の実施である。これら以外にも、大老井伊直弼《なおすけ》が主導した安政の大獄による弾圧が否定され、京都所司代として大獄に関与した酒井忠義《ただあき》が罷免《ひめん》された。松平信古はこれにともなう玉突き人事により大坂城代に任命されたのであった。

任命から三か月後、信古は二五〇人以上の家臣たちと共に大坂へ赴任した。吉田と江戸からそれぞれ家臣が派遣され、吉田藩家臣団の拠点は吉田・江戸・大坂の三か所になった。

また、信古にはまだ嫡男がいなかったため、房姫没後に迎えた継室鋹姫《としひめ》を大坂城内の御用屋敷へ招いた。この妊活は実を結び、元治《げんじ》元年（一八六四）十一月に鋹姫が嫡男亀千代（後の大河内信好《のぶよし》）を出産した。

信古の大坂城代在任期間は約二年半であったが、当時は幕末の政治情勢が混乱した時期にあたり、文久三年三月には徳川家茂《いえもち》が将軍として約二三〇年ぶりに上洛するなど、政局が江戸から上方に移っていた。

この間、大坂城の信古は京の老中や松平容保らと連絡を取りながら、大坂周辺の海岸警備や、八月十八日の政変で京を追放された長州藩士の探索に力を入れた。大坂では吉田藩士に「忍廻《しのびまわ》り」を命じて市中に潜伏する長州藩士の動向に目を光らせ、豊前小倉《ぶぜんこくら》藩からは長州藩の様子を調べた探索書を提出させていた。

幕末・維新期を舞台にした映画・ドラマ・小説などは数多くあるが、松平信古が登場することはほとんどない。しかし、幕末のヒーローたちの活躍が描かれるその裏で、上方の中心都市大坂では吉田藩主従が働いていたのである。

白紙の御朱印

元治元年（一八六四）六月、入京する長州藩士が増加したため、幕府は大坂周辺を警備する諸藩へ警戒するように通達した。七月には松平容保らから信古以下大坂警備の責任者に対して、長州藩士の入京を食い止めるように通達があった。しかし、大挙して通過する長州藩の前に吉田藩は指をくわえて見ているしかなかった。

七月十九日には挙兵した長州藩兵が入京し、御所を守る幕府方と武力衝突した。「禁門の変」と呼ばれるこの戦闘は一日で終わり、長州藩は朝敵となった。

後日、信古は容保から「なぜ長州勢の入京を食い止めなかったのか？」と問われた。信古が「こちらは小勢であり、どうすることもできなかった」と答えると、さらに容保が「白紙の御朱印は何のために下されたのか。このような事態を想定して下されたのではないか？」と詰問してきたため、信古はそれ以上返答することができなかったという。

西国で変事が起こった際、大坂城代は江戸の将軍からの指示を待たずに独断で対処する権限を与えられており、各所へ命令を下すために将軍の朱印を押した白紙の朱印状を持っていたとされる。信古はこれを活用することなく、みすみす長州藩の進軍を許したことを咎《とが》められたのである。

禁門の変後、勅命を受けた幕府軍は長州討伐のために進軍した。長州藩の降伏交渉がおこなわれていた十一月九日、江戸の老中から信古宛てに書状が届き、常陸笠間《ひたちかさま》藩主牧野貞利《さだとし》を大坂城代に任命したため、貞利が大坂へ到着したら交代で江戸へ戻るよう指示された。事実上の更迭《こうてつ》である。翌年二月十五日、江戸城へ呼び出された信古は、正式に大坂城代を解任された。

再び大坂へ

　信古が江戸へ戻ったあとも、政治の表舞台は上方にあった。慶応《けいおう》三年（一八六七）一〇月、将軍徳川慶喜が大政奉還に踏み切ると、朝廷から信古に上京命令が下った。同時に旧幕府からも上京を求められたが、信古は病気を理由に江戸に留まっていた。しかし、いよいよ上京せざるを得ない情勢になったため、十二月に約一〇〇名の家臣を連れて幕府の軍艦翔鶴丸《しょうかくまる》に乗船し、再び大坂へ向かった。大坂城へ入った吉田藩兵は、美濃大垣《みのおおがき》藩兵と交代して京橋口の警備を担当した。

　明けて慶応四年一月三日、ついに新政府軍と旧幕府軍の間で戦闘が始まった。旧幕府軍を指揮していたのは、松平伊豆守《いずのかみ》家と同じ大河内松平一族の上総大多喜《かずさおおたき》藩主松平正質《まさただ》である。信古と正質は実の兄弟で、ともに越前鯖江《えちぜんさばえ》藩主間部《まなべ》家から養子入りしていた。その後大坂城にいた慶喜や信古のもとに届いた知らせは、鳥羽・伏見など各方面の戦いで旧幕府軍が敗れたというものであった。六日、信古は重臣を集めて会議を開き、今後の対応について話し合った。

穂積清七郎

穂積清七郎

この会議の出席者のなかに穂積清七郎《ほづみせいしちろう》（清軒《せいけん》）という人物がいた。穂積家は松平輝綱《てるつな》の正室に従って松平伊豆守家の家臣になった家で、代々喜左衛門《きざえもん》と名乗り、定府《じょうふ》藩士として小姓頭《こしょうがしら》・用人《ようにん》・留守居《るすい》・奏者番《そうじゃばん》などの要職を務めてきた。清七郎は天保《てんぽう》七年（一八三六）に吉田藩の江戸藩邸で生まれた。二〇歳になった頃、母方の叔父である幕臣中島三郎助《なかじまさぶろうすけ》の強い勧めにより洋学を研究するようになった。三郎助は浦賀《うらが》奉行所の与力を務め、ペリー来航時の応対にあたった人物であり、西洋を知ることの重要性を身に染みて実感していた。

当時の清七郎は北新堀《きたしんぼり》下屋敷の長屋に住んでおり、日々呉服橋《ごふくばし》門内の上屋敷へ通っていた。通勤しながら洋学を学べる場所を探していたところ、呉服橋門外で蘭方医の坪井信道《つぼいしんどう》が塾を開いていることを知って入門した。洋学を学んでいることは同僚には明かさず、宿直の際は同僚が熟睡していることを確認して行灯《あんどん》を引き寄せ、寝具に隠れて洋書を黙読した。しかし同僚にバレてしまい、隠していた洋書の表紙に「団子《だんご》は食えるが蘭語《らんご》は食えぬ」と落書きされるなど、さまざまな侮蔑や妨害を受けた。

働きながら一年ほど洋学を学んだ清七郎であったが、妨害もあって思うように修得できず、一途に専修しなければ到底学業を成し遂げることはできないと思い至った。そこで藩に願い出て休職し、武芸の稽古もすべて止め、村田蔵六《むらたぞうろく》（大村益次郎《おおむらますじろう》）と高畠五郎《たかばたけごろう》（眉山《びざん》）の塾で四年間みっちりと学んだ。「日本化学の祖」と言われる川本幸民《かわもとこうみん》のもとへも通っていた。

二五歳の時に家へ戻ったものの吉田藩に洋学の知識を活かせる場はなく、長屋で自習に励んだ。しかしリウマチに罹患し、母の看病と死別も重なって脳に重患を発し、虚弱体質になってしまった。

文久二年（一八六二）、清七郎は叔父中島三郎助の推薦により幕府の軍艦操練所翻訳方に出仕した。だが清七郎はあくまでも吉田藩に尽くすことが本意であったため、同志を得ようと藩士たちにさまざまな知識を説いたが、変人扱いされて誰も近づかなくなり、藩邸を出て根岸《ねぎし》に居を構えた。

最初から理論的な話をする者は倦厭《けんえん》されると悟った清七郎は、以後論説を控えてユーモアのある会話を心がけた。すると徐々に人が集まるようになり、吉原遊郭から朝帰りする吉田藩士が立ち寄ることもあった。ちなみに、根岸は谷中下屋敷から吉原に行く道筋にあった。同志を得ると赤坂に小さな家塾を開いて洋学を教授し、入塾者のなかには吉田藩士の姿もあった。

清七郎の評判を耳にした藩主信古は、慶応二年（一八六六）に清七郎を呼び戻して自身の補佐を命じ、藩士への洋学教授を任せた。同三年に信古が上京を迫られると、清七郎は「今こそ徳川家の恩に報いる時であり、速やかに上京あるべし」と進言し、幕府の軍艦借用の手続きを済ませ、自身は陸路で先発して上方の情勢を探ることにしたのであった。

清七郎怒る

慶応四年（一八六八）一月六日の会議の席上、清七郎は「今こそ徳川家の恩に報いる時である」と主張した。これに対し、目付《めつけ》の村井清《むらいきよし》は「もはや死に体の幕府に尽くすよりは、朝廷に付くべきである。ついては、表面上は徳川軍の先鋒を志願し、機に乗じて徳川に矛《ほこ》を向けるべし」と意見したが、清が言い終わらないうちに、清七郎は刀に手をかけ「再び言えば斬る」と凄んだ。これにより、吉田藩は徳川と共に戦うという結論になった。信古は明朝の出陣式の準備を清七郎に命じ、「今夜は皆よく眠るように」と言って散会した。

ところがその夜、徳川慶喜が密かに大坂城を脱出し、軍艦開陽丸に乗って江戸へ退却してしまった。翌七日朝、信古は朝食の途中で事態を知り、餅一切れを握りしめたまま素足で駆け出したという。大坂城内で現職の大坂城代牧野貞利と出会い、慶喜を連れ戻すために天保山《てんぽうざん》へ向かったが、すでに慶喜は海上の人であった。途方に暮れた信古と貞利は、その足で陸路大坂を脱出した。この時信古に付き従った家臣は数人であり、多くの吉田藩士が置いてけぼりにされた。

信古一行は慶喜が向かったと思われる紀州を目指したが、追い付けないと判断して大和路から京都へ入ることにした。しかしこれも途中で断念し、伊勢から船に乗って吉田を目指した。信古の吉田帰城は十二日の八つ半時（午後三時頃）であった。通常、藩主がお国入りする際は東海道から大手門を通って入城するのだが、今回は吉田川（豊川）に面した関屋口門に船を着け、裏手から密かに入城するという異例のお国入りであった。

一方、七日朝に出陣式をおこなうために武装して御殿に参上した清七郎は、人影が見えないことを不審に思っていた。そこへ、慶喜や信古の大坂脱出を知らせる急報が入った。憤慨した清七郎は、出陣式のために用意した三方《さんぼう》を踏み砕いて「自分一人でも大坂城に残り、薩長に一発でも報いてやる」と息巻いたが、そこへやってきた同僚に説得され、やはり伊勢から船で吉田へ渡った。

吉田藩恭順

吉田に落ち延びてきた信古は「江戸で再起をはかり、定府の藩士を引き連れて上京して薩摩と一戦交えん」と意気込んでいた。しかし家臣になだめられ、吉田城内で新政府軍と旧幕府軍のどちらに付くが評議がおこなわれた。すぐに結論は出なかったが、速やかに京都へ使者を派遣していることから、大勢は新政府に恭順する方針に傾いていたと思われる。二月四日、旧幕府方として戦うことを主張していた清七郎は江戸に向けて出立した。吉田藩の藩論は、尾張《おわり》藩の働きかけもあり最終的に恭順と決した。

一月二七日、新政府は朝敵となった徳川家から松平姓を賜った家は本来の苗字に戻すように布告した。これを受け、信古は二月下旬に苗字を「松平」から「大河内」に戻した。また、新政府からの上京命令に応じて三月十一日に吉田を発って上京し、閏《うるう》四月十一日に吉田に帰った。

江戸では三月十三日と十四日に田町《たまち》の薩摩藩邸で勝海舟《かつかいしゅう》と西郷隆盛《さいごうたかもり》らが会談し、江戸城の明け渡しが決まった。吉田藩は江戸城に近い上屋敷を引き払い、定府藩士たちをすべて谷中下屋敷に集めた。藩主家族は一足先に吉田へ帰ることになり、信古の正室鋹姫は四月四日、嫡男の亀千代は閏四月十七日にそれぞれお国入りした。

新政府の東征軍に従って東上した吉田藩兵は、四月中旬に江戸入りして芝三田《しばみた》の蓮乗寺《れんじょうじ》に駐屯し、江戸城の門の警衛を命じられた。

彰義隊迫る

新政府に恭順の意を示した前将軍慶喜は上野の寛永寺《かんえいじ》に蟄居《ちっきょ》し、旧幕臣を中心に結成された彰義隊《しょうぎたい》も慶喜を警護するために寛永寺に拠点を置いた。慶喜は江戸城が無血開城した四月十一日に水戸へ移ったが、彰義隊はそのまま寛永寺にとどまって新政府に敵対的な態度をとり続けた。そのため、新政府軍は彰義隊の武力討伐を決断した。

彰義隊が籠もる上野の山から目と鼻の先の距離にある谷中下屋敷には、四月十二日の時点で帰国の指示を待つ吉田藩の定府藩士約二六〇人が集められていた。

新政府軍による武力行使の兆候が表れると、彰義隊の幹部が谷中下屋敷を訪問し、「軍事上の要地であるこの屋敷を明け渡すか、誠意の証《あかし》として兵を出して加勢するか、どちらか選ばれよ」と二者択一を迫った。この時応対したのは穂積清七郎であったとされ、事が起こった際には出兵するという密約を交わした。

上野戦争

五月十五日早朝、ついに新政府軍が彰義隊への攻撃を開始した。直ちに彰義隊士が谷中下屋敷を訪れ、密約どおりに援軍を出すか、それとも屋敷を明け渡すかを迫ってきた。

藩邸内の清七郎たちは、藩主信古が恭順の意を示していることや国元から吉田藩兵が新政府軍として江戸に来ていることを重々承知していたが、彰義隊と共に戦う道を選び、信古に累《るい》が及ぶことを避けるために有志の藩士が脱藩した上で戦闘に加わった。彼らは彰義隊に迫られてやむなく参加したというよりも、幕府や徳川家に対する忠誠を示すために進んで戦う道を選んだ節がある。この選択には、長年江戸で暮らしている定府藩士と国元の藩士の温度差が感じられる。

脱藩者数は二十数人から八〇人まで諸説あってはっきりしないが、この時藩の重臣の了解を得た者で結成した「三陽隊《さんようたい》」として参加した者と、十四日より前に無断で脱藩して彰義隊に加勢した者がいた。

新政府軍による彰義隊への攻撃が始まると、両者に挟まれる形になった谷中下屋敷には、弾丸が雨のように降り注いだ。三陽隊は善光寺坂で根津《ねづ》方面から押し寄せる新政府軍と交戦した。この地は守りやすく攻めにくい地形であったため最後まで善戦したが、火力で勝る新政府軍の前に彰義隊は壊滅し、夕方には戦闘が終結した（上野戦争）。

彰義隊に加わった当時十六歳の春田道之助《はるたみちのすけ》は、後年上野戦争での経験を手記に残している。道之助は重役の許可を得て脱藩した有志二四人の一人であり、「三陽隊」として善光寺坂で戦っていたが、夕方になって上野の彰義隊本営からの伝令が敗戦を告げたため、再起をはかるために逃走した。いつの間にか同志は散り散りになり、道之助は残った四人で隅田川を目指した。途中で百姓の姿に変装し、農家の婦人の助けもあって新政府軍の追跡を免れ、翌日は浅草の下駄屋の二階で眠った。

日没を待って吾妻橋《あずま》を渡ろうとしたが、商人に変装した同じ落人《おちうど》に「その姿で敵が警戒する吾妻橋を通過するのは不可能だ。市中に潜伏して時機を待ったほうが良い」と忠告され、上野方面へ引き返した。夜になり、谷中下屋敷に忍び込んで春田家の長屋へ帰ると、母親をはじめ家族一同は狂喜して道之助を迎えた。

しかし再会の喜びも束の間、脱藩者が藩邸内に潜伏している疑いがあるとして、新政府軍が家宅捜索するという知らせが入った。道之助らは信宝《のぶとみ》生母の涼松院《りょうしょういん》が住む御殿に隠れて一夜を明かして事なきを得た。その後は仲間の村雨吉三郎《きちさぶろう》と共に、深川の材木商山田家に匿《かくま》ってもらった。山田家の主人からは、父や兄に代わって藩のために身を犠牲にせんとした志を称賛されるとともに、前途があるのだから軽挙は慎むようにと諭された。

この春田道之助の手記は、昭和十三年（一九三八）に作家の長谷川伸《しん》により「彰義隊の美少年」という小説にまとめられ、後に「幕末美少年録―上野彰義隊の春田道之助―」と改題して単行本『浜田弥兵衛《はまだやへえ》』（天佑書房、一九四二年）に収録された。

定府藩士の処罰

上野戦争の翌日、新政府軍が谷中下屋敷を攻撃するのではないかという噂《うわさ》が流れた。幸い攻撃されることはなかったが、新政府軍は邸内に残る者たちに速やかな帰国を命じた。これにより、定府の吉田藩士とその家族は海路で吉田を目指した。

吉田へ到着した穂積清七郎や中老《ちゅうろう》の水野猶右衛門定省《なおえもんさだみ》をはじめとする定府の重役たちは、吉田城内に入ることを許されず、城下の寺院で謹慎を命じられた。後日、彼らは年寄倉垣主鈴の屋敷で彰義隊に関与した件について尋問を受け、揚屋《あがりや》に収監された。

その他の定府藩士に対しては、家老の連名で「家中一同は勤王のために尽力すべきであるが、江戸居住の者にはその趣意を貫徹しない者もいた。今後は言行を慎み、心得違いをしないように」という通達が出され、背かないことを誓わせるために血判を命じられた。

脱藩者のうち、吉田藩から新政府軍へ家出人として届けた者は二五人おり、それ以外に新政府軍から指名手配された者が六人いた。指名手配のうち長谷川新蔵《しんぞう》ら四人は身柄を拘束され、五月末に海路吉田へ護送された。彼らは目付から尋問を受け、六月二日から十一月十六日まで揚屋へ収監された。その間に江戸は東京と改められ、元号も慶応から明治へ変わっていた。

家出人とされた者のなかには箱館戦争まで転戦した者もいたが、多くは出頭して彰義隊へ加勢したことを謝罪した。彼らの身柄は明治元年（一八六八）十二月から翌年二月にかけて吉田藩へ引き渡された。このなかには春田道之助の名前もあった。

穂積清七郎は明治元年秋に仮出獄し、次いで蟄居を命じられて清軒と改名した。後に好《こう》問《もん》社という洋学塾を開いて女子教育にも力を注いだが、全身を病に侵され、明治七年に三八歳で亡くなった。

大河内信古、東京へ

江戸城を受け取った新政府軍は、城の周辺にあった大名屋敷にも兵を駐屯させた。もぬけの殻《から》になっていた呉服橋門内の吉田藩上屋敷は、新政府軍の命により旧幕臣の岡野誠一《おかのせいいち》郎《ろう》が江戸市中警衛のために結成した龍虎隊《りゅうこたい》の陣所とされた。

四か所あった吉田藩の拝領屋敷は一旦新政府に没収されたが、明治元年十一月に上屋敷と谷中下屋敷の二か所が吉田藩へ下賜されることになった。しかし、龍虎隊は引き続き上屋敷内に留まっており、建物も破損して修繕が必要な状態であった。このままでは藩主信古を東京に迎えることができないため、吉田藩側は明治二年一月九日に新政府に打診した上で龍虎隊に立ち退きを要求した。龍虎隊は同月二三日に引き払い、上屋敷は名実ともに再び吉田藩のものになった。

大河内信古

四月一〇日、大河内信古は新政府の召集に応じて東京入りした。六月に全国の大名が土地と人民を朝廷に返上する版籍奉還が実施された。この時、三河吉田藩は伊予《いよ》吉田藩と同名になるのを避けるため「豊橋藩」となり、豊橋という地名が誕生した。信古は豊橋藩知事に任命され、翌月任地の豊橋へ赴いた。

版籍奉還を実施したものの、依然として従来の藩主が藩知事として統治していたため、実態は江戸時代と変わらなかった。そこで現状を抜本的に改革して地方の統治を府と県に一元化するため、政府は明治四年七月に廃藩置県を実施した。これにより信古は藩知事を免職され、豊橋藩は豊橋県となった。

同年八月十一日に豊橋を発った信古は十九日に谷中の屋敷に入り、以後はここを住居として暮らし、明治二一年十一月に没した。

東京駅になった上屋敷

廃藩置県により、大名屋敷もその役目を終えることになった。ここからは、吉田藩の江戸藩邸を例として、その後大名屋敷がどのような運命をたどったのかを見ていこう。

呉服橋にあった大河内家の上屋敷は新政府に取り上げられ、座敷は大河内信古の住居とするために谷中へ移築された。官庁舎などに転用された大名屋敷の建物のなかには取り壊しを免れたものもあったが、呉服橋の上屋敷は跡形もなく破壊されて更地にされ、周辺の大名屋敷地と合わせて陸軍の大隊営が置かれた。

明治二〇年代に入ると新橋駅と上野駅を鉄道で結ぶ計画が持ち上がり、中央停車場（東京駅）の用地として選ばれたのが、呉服橋門内上屋敷の跡地を含む永楽町《えいらくちょう》（現在の丸の内）であった。当時の永楽町には広大な練兵場を含む陸軍の施設や裁判所などの公的機関があったが、陸軍を郊外に移転させて再開発を進めることになったのである。

現在の東京駅のうち、新幹線ホームおよび在来線の七から一〇番ホームの北側部分が吉田藩の上屋敷があった場所にあたる。東京駅の北側を行き来する電車は、吉田藩の上屋敷跡地の上を走っているのである。

谷中の大河内子爵家

版籍奉還後の大名は「皇室の藩屛《はんぺい》」として華族という身分になった。華族に序列を付けるため、明治十七年（一八八四）に華族令が制定されると、大河内信古には子爵の爵位が授けられた。

吉田藩の谷中下屋敷があった場所は、明治五年に一町として起立し、谷中清水町《やなかしみずちょう》と命名された。清水町という名は屋敷の向かいにあった護国院の清水門に由来する。谷中清水町約一万八〇〇〇坪のうち、大河内子爵家が引き続き所有した敷地は約三〇〇〇坪であった。

明治一〇年前後の谷中清水町の絵図を見ると、南側に大河内信古の住居と嫡男信好《のぶよし》の住

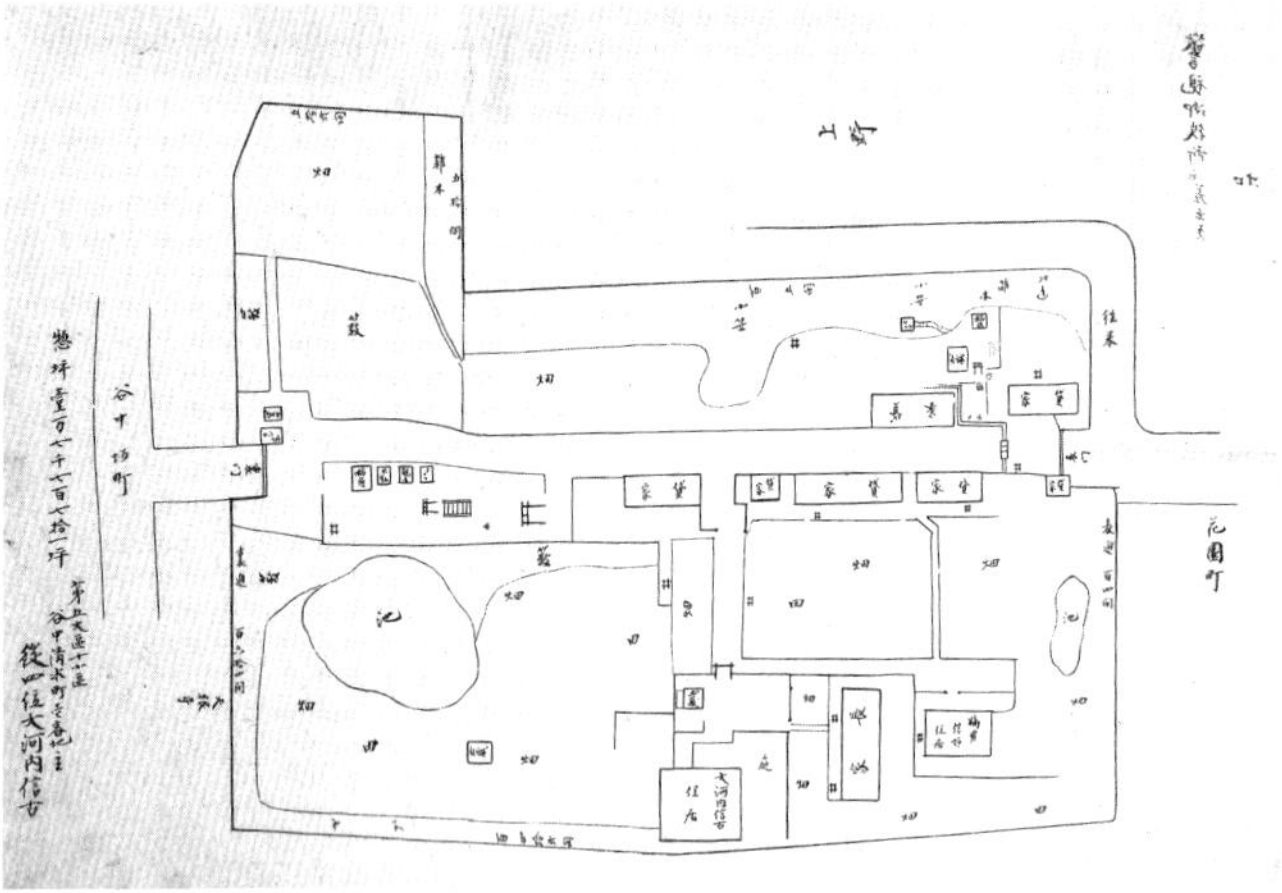

谷中清水町図（個人蔵）

居があったことがわかる。表門と裏門をつなぐように設けられていた馬場は道路になり、それに面して貸家が建ち並んでいた。絵図では平坦に感じられるが実際には高低差があり、上野の山に面した東側が高く、西側が低くなっている。

　裏門近くの鳥居がある場所は桜下《さくらもと》稲荷《いなり》で、江戸時代から谷中下屋敷の屋敷神として祀られていた。稲荷の境内には巨木が茂り、周りは石垣で囲われていた。明治後期に発行された『新撰東京名所図会《ずえ》』には桜下稲荷の項目が立てられ、「小丘上に在り。石の鳥居に扁額を掛く。石階を上れば一社一堂南面して相並ぶ。西なるは本社にて土蔵作りなり。東なるは不動尊にて木造の堂宇なり。（中略）又椎《しい》の老樹並銀杏樹あり」と描写される。写真も掲載されており、絵図と

桜下稲荷（『新撰東京名所図会』より）

比較すると鳥居や石段が同じ位置にあることがわかる。

大河内子爵家は、谷中清水町の土地や建物、購入した土地を貸し出すことで、家賃や小作料を得て豊かな資産を築いた。旧大名・旗本には経済的に困窮した者も多く、大河内家では親族へ定期的に金銭支援をおこなっていた。

大河内家の家政は旧藩士出身者が担当し、家令《かれい》・家《か》扶《ふ》・家従《かじゅう》は谷中清水町に居住した。豊橋にも大河内家の事務所があり、旧家老の和田家が管理していた。毎年正月には豊橋から旧吉田藩士族の代表者二名が上京し、大河内子爵邸で新年の挨拶を述べた。

大河内正敏の趣味

近代の大河内子爵家を象徴する人物といえば、大河内正敏《まさとし》である。正敏は大河内信古の実弟で上総大多喜藩主であった大河内正質の長男として生まれ、跡継ぎ

大河内正敏（国立国会図書館蔵）

がいなかった信好の妹一子《かずこ》の婿養子に入り、大河内子爵家を継いだ。

正敏は幼少期から利発で、明治天皇に可愛がられて何度も膝の上で抱かれたという。東京帝国大学を首席で卒業したあとは東京帝大教授や貴族院議員を務めた。大正一〇年（一九二一）、化学工業の発展を目指して渋沢栄一《しぶさわえいいち》や高峰譲吉《たかみねじょうきち》らが設立した理化学研究所の三代目所長に就任すると、主任研究員制度の導入や発明発見を工業化して研究費を得る科学主義工業を提唱して理研産業団（理研グループ）の発展に寄与した。さらに農村工業構想をまとめ、新潟県柏崎《かしわざき》市に理化学興業の本社工場を建設した。後に内閣総理大臣となる田中角栄を見出したことでも知られる。

正敏は多趣味な文化人でもあった。特に焼き物は趣味の第一で、鍋島・柿右衛門《かきえもん》・古九谷・楽《らく》・仁清《にんせい》などの陶磁器の収集・研究に励んだ。近代日本を代表する画家黒田清輝《せいき》の日記には、大正六年十二月に大河内邸に招かれ、陳列された茶入れ六、七〇個を正敏の解説を聴きながら鑑賞し、その後晩餐の饗応にあずかったことが書かれている。正敏のコレクションの一部は、現在東京国立博物館に所蔵されている。絵画は中村芳中《ほうちゅう》などを好んで収集したほか、自らも筆を取って作品を手がけた。

庭園は荒れ果てた風情を作り出す廃園趣味の庭を好み、自分の代になるとそれまでの池《ち》泉《せん》回遊式庭園をやめ、自分好みの庭に造り替えた。

食も好み、食べるだけでなく自分でも手料理を振る舞った。狩猟も好きで、冬になると玄関に鴨《かも》を何羽もぶら下げ、毎朝匂いを嗅《か》いで食べごろになるのを確認したという。戦後には『味覚』というグルメに関する随筆も出版している。

子爵邸の思い出

在りし日の大河内子爵邸の写真はほとんど残されていないが、正敏の孫である大河内眞《あつし》氏が一族の歴史をまとめた著書『大河内一族』のなかで、眞氏と従兄弟《いとこ》の鉄治《てつや》氏が子爵邸の思い出を綴《つづ》られており、邸内の様子をうかがい知ることができる。

表向きの玄関には虎か龍の描かれた衝立《ついたて》があり、入ると畳敷きの廊下が続き、その脇に板敷の入側《いりがわ》(通路)があった。大河内家に仕える家扶や使用人は畳の上を歩かず、必ず板

大河内子爵邸が写る絵葉書

敷の上を歩いた。いくつもの座敷が連なっているため、新入りの女中が迷うほどであった。家族が使う出入り口である「おくち」の土間脇には書生の部屋があり、さらに「お役所」と呼ばれる家扶が詰める細長い部屋があった。昭和戦前に家扶を務めた小畠延衛《こばたけのぶえ》は、家老を出したこともある吉田藩重臣の家系で、厳格な人物であった。正敏に用事がある時は決して部屋に入らず、廊下の縁に手をついて「申し上げます」と言って取り次いだという。

日曜日になると、子爵邸には各界の要人が招かれて会食がおこなわれた。先述した黒田清輝の来訪も日曜日である。料理は正敏が贔屓《ひいき》にしている料理屋から板前が出張して作った。今でいうケータリングである。孫たちは余所《よそ》行きの衣装を身にまとい、一人ずつ客人に挨拶した。すると正敏は優しく「こちらにおいで」と呼んで食べたい料理を選ばせ、それを箸で取って一口食べさせた。

アーティストが集う街

谷中周辺は上野の東京美術学校に近かったこともあり、芸術家や美術を学ぶ学生が多く集まってきた。大河内子爵家も東京美術学校教員の芸術家と関わりを持ち、信好の弟信成は同校で橋本雅邦《がほう》から日本画を学んだ。野火止平林寺《のびとめへいりんじ》にある高村光雲《こううん》作の木像は松平信綱《のぶつな》像と伝えられているが、実は大河内信古の像である。明治二六年（一八九三）三月に大河内家が当時東京美術学校の教授であった光雲に金八五円で制作を依頼したもので、翌年信古の七回忌に合わせて完成させた。

正敏には五人の男子がいたが、芸術方面に進む者が多かった。長男信威《のぶたけ》は美術史家となって陶磁器や茶道を研究し、特に父同様に楽茶碗への関心が高かった。二男信敬《のぶひろ》は後述のとおり画家として活動し、さまざまな伝統文化にも興味を持っていた。五男信秀《のぶひで》も画家・彫刻家として活動した。

谷中に拠点を置いた美術団体も多く、明治三一年に東京美術学校を辞職した岡倉天心《おかくらてんしん》が日本美術院を結成した。日本美術院にも参加した水野年方《としかた》は谷中清水町に住んでおり、大河内家とも交流があった。太平洋画会（現・太平洋美術会）は、明治三七年に谷中清水町に研究所を開設して後進を育成した（翌年谷中真島《まじま》町へ移転）。

大河内信敬は太平洋画会研究所で岡田三郎助《さぶろうすけ》に、本郷絵画研究所で寺内萬治郎《まんじろう》に学び、昭和八年（一九三三）の第十四回帝展に出品した「画室の一隅」で初入選した。同十二年にヨーロッパへ渡ってパリ万博や各地の美術館を視察し、同十五年に光風会の会員になった。敗戦後の昭和二二年には朝井閑右衛門《あさいかんえもん》らと新樹会を結成した。

また、信敬は谷中周辺に住んでいる画家の展覧会を発案した。画材店浅尾拂雲堂《あさおふつうんどう》を経営する浅尾丁策《ていさく》が世話人となり、拂雲堂二階のプール・ヴー（美術モデル紹介所）で打ち合わせがおこなわれた。会の名前は「谷中会」をフランス語にした「カルチェ・ヴァル」と決まった。カルチェ・ヴァルには信敬のほか熊谷登久平《くまがいとくへい》・島村三七雄《しまむらみなお》・鶴岡政男《つるおかまさお》・朝倉摂《あさくらせつ》らが集い、昭和二三年に上野の松坂屋で展覧会を開催した。

昭和二七年に刊行された『日本美術年鑑』（昭和二一－二六年版）によれば、当時谷中清水町に住所をおく美術団体は新樹会（大河内信敬方）のほかに日本画院（望月春江《もちづきしゅんこう》方）と日本彫金会（飯田喜代鏡《いいだきよあき》方）の三団体があった。

多くの芸術家が集う谷中清水町は、大河内家を中心とするアートの街だったのである。

敗戦と大河内邸

昭和二〇年（一九四五）三月一〇日の東京大空襲では谷中清水町に火の手がまわることはなかった。しかし、同年六月十九日の豊橋空襲では大河内家の事務所が焼失し、保管していた大河内家伝来の美術品や藩政文書が灰燼《かいじん》に帰した。

敗戦後、大河内正敏はA級戦犯に指名されて巣鴨拘置所に収監され（昭和二一年四月釈放）、理研産業団もGHQから財閥解体の指定を受けた。さらに大河内家には多額の財産税が課せられることになった。

財産がほとんどなくなることを心配した正敏の三男信敏《のぶとし》が、税理士から教えられた節税方法を正敏に伝えたところ、「この戦いには多くの国民が最愛の肉親を亡くし、大切な財産を失っている。国家の指導者の一人である大河内が自分の財産の保全を行うなどもってのほかである。戦国時代ならばお前は勿論の事、お前の家族も皆首をはねられている。命があるだけ幸せと思え」と一喝されたという（大河内眞『大河内一族』より）。

大河内信敬と親交のあった画家鶴岡政男の娘美直子は、昭和二五年頃に大河内邸を訪問

玉林寺の茶室

した時の思い出を、「廊下伝いの座敷に通されたが家財道具が無く、信敬と父は庭の景色ばかりをご馳走してに渋茶をすすっていた」と振り返っている。

それから間もなく、大河内家一族のほとんどは谷中清水町から移転し、約三〇〇〇坪の広い屋敷地は住宅街に変貌した。昭和四二年に住居表示が実施されたことで「谷中清水町」という町名も消滅し、大部分は池《いけ》之端《のはた》四丁目、一部は同三丁目に変わった。

望月春江と茶室

谷中清水町の名所となっていた桜下稲荷は、戦後まもなく不審火により焼失した。昭和二三年（一九四八）、その跡地に日本画家の望月春江が移り住み、大河内家の屋敷にあった座敷二間と茶室を移築し、座敷はアトリエとして使った。茶室には大河内信敬も度々訪れていたという。

春江は空き地にさまざまな草花を植えて画題とした。また、犬の散歩をしている際に大河内家の敷地にある幅二メートルほどの大きな石を見つけ、大層気に入って交渉の末に貰って庭に置いた。この石は春江の創作意欲を掻き立て、石を寝そべった牛に見立てて描いた「牛」など三つの大作が生まれた。残念ながらこの石は現存していない。

谷中は数多くの寺院が連なる寺町である。旧谷中清水町のすぐ近くに玉林寺《ぎょくりんじ》という曹洞宗の寺院がある。昭和の大横綱千代の富士が眠る場所としても知られている。春江の没後、旧大河内邸の茶室は取り壊しを免れ、この玉林寺に移築、保存されることになった。春江の長女で日本画家の鈴木美江《みえ》さんのお話によれば、茶室の移転は曳家《ひきや》工法でおこなわれ、一晩通行止めにして運んだとのことである。

この茶室は唯一残る大河内子爵邸の建物として、現在でも玉林寺の境内で大切に保存されており、往時をしのぶことができる。

谷中下屋敷跡を訪ねて

二〇二〇年二月、まだ「コロナ禍」という言葉はなかったものの、クルーズ船内における新型コロナウイルスの感染拡大のニュースが世間を騒がせていた頃、私はふと思い立って谷中下屋敷跡を歩いてみることにした。

清水坂（著者撮影）

屋敷の周囲がそのまま道になっているわけではないが、上野公園に面した道などはそのまま残っており、地図上でも大体このあたりが敷地だったと見当を付けることができる。

不忍池《しのばずのいけ》方面から動物園通りを進むと信号交差点がある。ここが表門のあった場所である。角には小さな交番が立っており、表門の番人、あるいは近くにあった辻番所の存在が思い起こされる。交差点を右へ曲がると緩やかな上り坂になっている。この坂には清水坂という名前が付いており、角に坂名の由来を解説した標柱が立っている。クランク状になっている坂を道なりに進むと再び信号があり、この右手が護国院である。

信号を過ぎて少し進むと左手に「谷中清水町公園」という小さな公園がある。旧町名の名残りが感じられる数少ない場所で、公園の隅には旧町名の由来を記した案内板がある。この場所が谷中下屋敷の北端にあたる。公園のなかを抜けて西へ進むと住宅街になる。このあたりは下り坂になっており、谷中下屋敷内の高低差を実感することができる。天眼寺《てんげんじ》の裏を過ぎたあたりで左折して大体の見当を付けながら住宅街を進み、再び左折すると最初の信号交差点に戻ってくる。

なお、最初の信号交差点で動物園通りを直進すると、左側に望月春江が暮らした桜下稲荷の跡地があり、一部残された石垣に当時の面影を感じることができる。

私の足では、谷中下屋敷跡を一周するのに約十七分、歩数にして一六三一歩かかった。こうして、この世界にまた一つ新たなトリビアが生まれた。

最近は江戸と東京の地図を簡単に比較できるウェブサイトやアプリが充実しているので、それらを参考にして、江戸時代の光景を想像しながら、あるいは大名屋敷の痕跡を探しながら東京の街並みを散策してみるのもおススメである。

あとがき

私が豊橋市美術博物館で勤務することになったのは、平成二二年度からである。最初の二年間は非常勤だったのだが、私に与えられた主な仕事は「吉田藩江戸日記」の翻刻データの編集校正作業であった。来る日も来る日も、窓のない部屋でパソコンに向かい、紙焼きされた「江戸日記」の画像と翻刻された文字データを見比べ続けた。もちろん、それだけをやっていたわけではないが、二年間で十五年分の「江戸日記」を熟読することができた。おかげで、私のなかで三河吉田藩といえば江戸藩邸！　というイメージがこびりついて、国元の吉田藩政よりも、江戸での吉田藩の動きの方に興味を持つようになってしまった。

そんなわけでどっぷり浸かることになった「江戸日記」だが、現時点で活字化して刊行されているのが一〇年分のみということもあってか、どうも豊橋における評価は今一つという感触が拭えない。ストーリー性のある事件記録などは読み物としても面白いのだが、候文《そうろう》で書かれていて返読文字も多いので、慣れていない人にはさっぱり意味がわからないだろう。読めたとしても、将軍との間での献上・拝領や年中行事などの定例的なイベント、人事や婚姻・養子縁組などの記録の羅列は味気ない。だが、一つひとつの記述が単調であったとしても、本文でも取り上げたように、約六〇年分のデータを集めればそれなりに色々な特徴や傾向が見えてきて楽しい。そういうわけで、なんとか「江戸日記」の魅力を発信したいという思いは常々抱いていた。

正職員になったあとはしばらく美術博物館を離れ、豊橋市二川宿本陣《ふたがわじゅくほんじん》資料館で勤務した。そこで担当した企画展の調査で出会ったのが大嶋家文書である。これも江戸藩邸で書かれた資料が大部分を占めていたため、私の興味が江戸藩邸から離れることはなかった。

この大嶋家文書との出会いがきっかけで、前著『三河吉田藩・お国入り道中記』を執筆させていただいたのだが、出版後まもなく、担当の土屋ゆふさんから次の執筆を提案され、真っ先に頭に浮かんだのが吉田藩の江戸藩邸をテーマにした内容であった。

それから三年が経ち、日常生活も博物館を取り巻く状況も新型コロナで一変してしまった。私自身も一時的に保健所の応援に入り、ＰＣＲ検査を担当するという普段できない経験を積んだ。行動が制限されて資料調査もままならず、執筆はなかなか進まなかったが、どうにか書き上げることができた。
「江戸日記」のような江戸藩邸で記録された日記類は、津軽藩や松代藩など他藩にも残されているが、一人の人間がいくつもの藩の日記を隈なく読み解くのは現実的ではない。だが、そのなかには江戸の歴史を知るための手がかりが豊富に含まれている。さまざまな藩の江戸藩邸日記が翻刻・公開され、幅広く研究されることで、江戸の世界がより鮮明に描き出されることを願っている。

　末尾になるが、今回利用させていただいた資料の所蔵者である大河内家現当主の大河内元冬様、吉田藩士大嶋左源太の末裔《まつえい》大嶋豊信様、豊城《とよき》神社の関係者の皆様、近現代の谷中界隈についてご教示いただいた鈴木美江様・熊谷明子様、前著に引き続きお世話になった集英社インターナショナルの土屋さんに、心より感謝申し上げる。

久住　祐一郎

令和四年　春

主要参考文献

未刊行資料

・吉田藩日記類（豊城神社所蔵、豊橋市指定有形文化財）
・大河内家文書（個人蔵、国文学研究資料館および豊橋市美術博物館寄託）
・大嶋家文書（豊橋市美術博物館所蔵、一部個人蔵）

・愛知県史編さん委員会『愛知県史　通史編四　近世一』二〇一九
・浅尾丁策『続 金四郎三代記〔戦後篇〕昭和の若き芸術家たち』芸術新聞社　一九九六
・新居町教育委員会『国特別史跡　新居関跡復元整備に関する文献史料集』二〇〇七
・安藤優一郎『大名屋敷「謎」の生活』ＰＨＰ研究所　二〇一九
・磯田道史『近世大名家臣団の社会構造』東京大学出版会　二〇〇三
・岩淵令治『江戸武家地の研究』塙書房　二〇〇四
・薄田大輔「狩野惟信筆『戸山荘八景図巻』について―江戸狩野派の庭園図表現―」『金鯱叢書　四三号』二〇一六
・江戸遺跡研究会編『江戸の大名屋敷』吉川弘文館　二〇一一
・大口喜六『國史上より観たる豊橋地方』豊橋史談刊行会　一九三七
・大河内眞『大河内一族』二〇〇九
・大嶋家文書研究会『勤要録　三河吉田藩における「先例集」』　二〇一六

・大友一雄『日本近世国家の権威と儀礼』吉川弘文館　一九九九
・大友一雄「天保期幕府老中職にみる公用方役人について―松代藩真田幸貫を事例に―」松代文化施設等管理事務所『松代　第二四号』二〇一〇
・大野瑞男『人物叢書　松平信綱』吉川弘文館　二〇一〇
・笠谷和比古『江戸御留守居役　近世の外交官』吉川弘文館　二〇〇〇
・鬼頭宏『人口から読む日本の歴史』講談社学術文庫　二〇〇〇
・久住祐一郎『三河吉田藩』現代書館　二〇一九
・久住祐一郎『三河吉田藩・お国入り道中記』集英社インターナショナル　二〇一九
・久能山東照宮博物館『博物館資料集二　徳川歴代将軍の書画』一九七一
・倉地克直『江戸の災害史　徳川日本の経験に学ぶ』中央公論新社　二〇一六
・黒田清輝著・隈元謙次郎編『黒田清輝日記　第四巻』中央公論美術出版　一九六八
・佐々木忠夫「資料紹介　長谷川武治著『過去の夢』」『愛知大学綜合郷土研究所紀要　第二六輯』一九八一
・沢山美果子『江戸の乳と子ども　いのちをつなぐ』吉川弘文館　二〇一六
・新宿区立新宿歴史博物館『大名屋敷　儀式・文化・生活のすがた』一九九三
・台東区教育委員会『いま・むかし　下谷・浅草写真帖』一九八〇
・田﨑哲郎『在村の蘭学』名著出版　一九八五
・千葉県史料研究財団編『千葉県の歴史　通史編近世2』二〇〇八
・鶴岡美直子『ボタン落し―画家鶴岡政男の生涯』美術出版社　二〇〇一

・東京都編『東京市史稿　市街篇四十九』一九六〇
・豊橋市教育委員会『豊橋市史々料叢書七・八　吉田藩江戸日記一・二』二〇〇八・〇九
・豊橋市史編集委員会『豊橋市史　第二・六巻』一九七五・七六
・豊橋市史編集委員会『豊橋市史々料叢書一　吉田藩日記』一九八〇
・中野達哉「弘前藩江戸藩邸における日記方の設置と藩庁日記の管理」国文学研究資料館編『幕藩政アーカイブズの総合的研究』思文閣出版　二〇一五
・根岸茂夫『大名行列を解剖する　江戸の人材派遣』吉川弘文館　二〇〇九
・美術研究所『日本美術年鑑　昭和二十二-二十六年版』一九五二
・『風俗画報臨時増刊　新撰東京名所図会　第五十三編』東陽堂　一九〇八
・福田千鶴『近世武家社会の奥向構造』吉川弘文館　二〇一八
・府中市美術館『へそまがり日本美術　禅画からヘタウマまで』講談社　二〇一九
・増山真一郎「宝暦期における吉田藩士の温泉湯治」豊橋市二川宿本陣資料館『江戸時代の旅と温泉展』二〇一九
・港区立郷土歴史館『江戸の武家屋敷―政治・生活・文化の舞台―』二〇二二
・宮田親平『「科学者の楽園」をつくった男　大河内正敏と理化学研究所』河出書房新社　二〇一四
・妻鹿淳子「津山藩松平家の御側女中について」『岡山地方史研究　一四六』二〇一八

図版作成　プロスト

久住祐一郎《くすみゆういちろう》
豊橋市美術博物館学芸員。一九八四年、新潟県生まれ。岡山大学教育学部卒業。同大学院社会文化科学研究科博士前期課程修了。豊橋市二川宿本陣資料館学芸員を経て現職。交通史学会常任委員。著書に『三河吉田藩・お国入り道中記』（インターナショナル新書）、『三河吉田藩』（現代書館）。

江戸《えど》藩邸《はんてい》へようこそ　三河吉田藩《みかわよしだはん》「江戸日記《えどにっき》」

インターナショナル新書〇九六

二〇二二年四月一二日　第一刷発行

著者　久住祐一郎《くすみゆういちろう》
発行者　岩瀬朗
発行所　株式会社 集英社インターナショナル
〒一〇一－〇〇六四 東京都千代田区神田猿楽町一－五－一八
電話 〇三－五二一一－二六三〇
発売所　株式会社 集英社
〒一〇一－八〇五〇 東京都千代田区一ツ橋二－五－一〇
電話 〇三－三二三〇－六〇八〇（読者係）
〇三－三二三〇－六三九三（販売部）書店専用
装幀　アルビレオ
印刷所　大日本印刷株式会社
製本所　大日本印刷株式会社

ISBN978-4-7976-8096-6 C0221